Knaur

Katharina Adams

Beete im Garten

- Planung und Vorbereitung
- Welches Beet für welchen Garten?

www.knaur.de

Bildnachweis:
Fotos: K. Adams S .4, S. 5, S. 6, S. 9, S. 24, S. 25, S. 32, S. 38, S. 39, S. 42, S. 44, S. 45, S. 46, S. 47, S. 48, S. 49, S. 52, S. 58, S. 59, S. 60, S. 62, S. 64, S. 68, S. 72, S. 75, S. 80, Wiederholungen oben S. 2–9, S. 33–51, S. 53–79 S. 81–93; Thomas Drechsler S. 21; P. Jarosch S. 7, S. 16, S. 18, S. 20 unten, S. 27, S. 83, S. 84; Wolfgang Redeleit S. 10, S. 11, S. 13, S. 15, S. 20 oben, S. 30, S. 33, S. 34, S. 43, S. 51, S. 53, S. 79, S. 85, S. 86, S. 87, S. 92, Wiederholungen oben S. 11–31; Seidl S. 12, S. 22, S. 35, S. 36, S. 67, S. 70; Gitte u. Siegfried Stein S. 93.

Ein Unternehmen der Droemerschen Verlagsanstalt
Th. Knaur Nachf. GmbH & Co. KG, München
Umschlagkonzeption: Zero Werbeagentur, München
Umschlaglayout: Zero Werbeagentur, München
Umschlagabbildung: Wolfgang Redeleit
Reproduktion: Repro Ludwig, Zell am See
Illustration: Sabine Weber, Appenweier
Satz, Gestaltung und Herstellung:
Hartmut Czauderna, München
Ausschnitt S. 93 aus www.millers.place.com
Druck und Bindung: Appl, Wemding
Gedruckt auf umweltfreundlich chlorfrei gebleichtem Papier.

ISBN 3-426-64115-1
Printed in Germany

Bitte besuchen Sie uns im Internet:
www.droemer-knaur.de

5 4 3 2 1

Bibliografische Information Der Deutschen Bibliothek
Die Deutsche Bibliothek verzeichnet diese Publikation in der Deutschen Nationalbibliografie; detaillierte bibliografische Daten sind im Internet über http://dnb.ddb.de abrufbar.

Inhaltsverzeichnis

Einleitung

Ein Garten ohne Beete? Das kann sich eigentlich niemand vorstellen! Denn Beete sind ja das Herzstück eines jeden Gartens, in ihnen wachsen Stauden, Sommerblumen, Kräuter, Gemüsepflanzen, also alles was die Schönheit und den Nutzen eines Gartens erst ausmachen. Natürlich gibt es auch nach wie vor Gärten, die lediglich aus einer Rasenfläche und einer umgebenden, meist auch noch immergrünen Gehölzhecke bestehen. Doch ehrlich: wer fühlt sich in solch einem Garten wirklich wohl? Einem solchen Garten fehlt die Seele, er sieht immer gleich aus, man spürt nicht den Wechsel der Jahreszeiten. Wer seinen Garten mit allen Sinnen genießen will, pflanzt Beete voller Blumen, die duften und Schmetterlinge und Bienen anlocken. Auch die kleinsten Gärten lassen sich mit Beeten attraktiv gestalten. An der Terrasse können Sie etwa ein Beet anlegen, das durch eine ausgewogene Kombination von Stauden, Saisonpflanzen und kleinen immergrünen Gehölzen wie zum Beispiel Buchs, zu jeder Jahreszeit einen erfreulichen Anblick bietet. Würzige Kräuter für die Küche zu jeder Tageszeit frisch gepflückt – mit einem Kräuterbeet, und sei es noch so klein, ist das kein Problem. Wo der Platz für einen Nutzgarten fehlt, bietet sich vielleicht ein Hochbeet mit Gemüse als Alternative an.

Geeignete Pflanzen gibt es für jeden Standort im Garten. Unter Gehölzen fühlen sich zahlreiche Schattenstauden und Farne wohl. An der Stelle, an der die Reste an Sand und Steinen vom Hausbau im Untergrund lagern, finden Trockenheit liebende Steppenstauden ideale Lebensbedingungen. Und im Vorgarten begrüßt ein formales, mit Buchs umrandetes Beet mit einer Hochstammrose in der Mitte die Gäste. Sie sehen, Beete können so verschieden sein wie die jeweilige Gartensituation und die Pflanzen, die darin wachsen. Dieses Buch gibt Ihnen daher ganz unterschiedliche Anregungen für ihren eigenen Garten, die Sie nach Belieben übernehmen oder nach eigenem Geschmack abwandeln können.

Schafgarben und Gräser dominieren in diesem Staudenbeet

Eine kleine Kulturgeschichte des Gartens

Mit zunehmendem Wissen über die nützlichen Eigenschaften von Pflanzen erweiterte sich das Spektrum der kultivierten Arten zusehends. Die ersten Gärten dienten dabei der ausschließlichen Versorgung mit Feldfrüchten aller Art. Zum Schutz vor dem Weidevieh wurden hierzu einfache Zäune um einen Teil des Weidelandes errichtet um den Gartenbereich abzutrennen.
Mit der Zeit fanden die Menschen heraus, dass die verschiedenen Gemüsearten einen unterschiedlichen Nährstoffbedarf haben. Das System der Vierfelderwirtschaft entsteht. Dabei wird die Nutzfläche in vier Flächen aufgeteilt, von denen jeweils drei mit Arten ähnlicher Nährstoffansprüche bepflanzt werden: ein Beet für die Starkzehrer, eines für Arten mit mittelhohen Ansprüchen und ein Beet für Schwachzehrer. Die vierte Fläche liegt brach und erhält eine Gründüngung, bevor im nächsten Jahr wieder Starkzehrer darauf wachsen können.

Klösterliche Gartenkunst

Eine besondere Rolle für die europäische Gartenkultur spielten die Klöster, in deren Gärten Heil- und Medizinalpflanzen sowie Kräuter aller Art kultiviert wurden. Aber auch Pflanzen, mit denen man Wolle und Leinen färben konnte, spielten eine wichtige Rolle.
Vorbild für die Gestaltung der Klostergärten war die vierteilige Form der frühen Nutzgärten. Die einzelnen Beete wurden zunehmend mit niedrigem Buchsbaum eingefasst, und dieses Gestaltungsmerkmal hat sich bis heute in den klassischen Bauerngärten erhalten, in denen Nutz-, Heil- und Zierpflanzen einträchtig nebeneinander wachsen.

Lust- und Wandelgärten des Adels

Im 17. und 18. Jahrhundert erfuhren die Grundstrukturen der Klostergärten in den Schloss- und Parkanlagen des Adels eine Weiterentwicklung. Das Resultat waren kunstvolle Lust-

Typischer Klostergarten mit Buchs umrandeten Nutzbeeten

und Wandelgärten, in denen der Nutzen der Pflanzen keine Rolle spielte. Stattdessen traten die Buchseinfassungen immer mehr in den Vordergrund, komplizierte Formen und Figuren wurden ersonnen. Den Höhepunkt dieser Kunst bildeten die so genannten Knotengärten, in denen Buchsbaum und andere Zwerggehölze verschlungene Muster bildeten. Gegen Ende des 18. Jahrhunderts kam dieser sehr formale Stil jedoch aus der Mode und wurde durch einen romantisierenden Landschaftsstil abgelöst, in dem formale Beete keine Rolle mehr spielten. Vielmehr wurde nun versucht, die Natur in einer idealisierenden Form nachzubilden.

Die Lust am formalen Garten

Wohlhabende Stadtbewohner ab Mitte des 19. Jahrhunderts schätzten spektakulär wirkende Beete mit bunten Sommerblumen, die jede Saison wieder neu bepflanzt wurden. Besonders die Vorgärten wurden zur Visitenkarte und zum Vorzeigeobjekt der Stadtbewohner.
Mit der Erfindung des Rasenmähers kam auch der gepflegte, regelmäßig geschnittene Rasen in Mode, in dem Schmuckbeete wie Inseln platziert wurden. Diese Beete wurden häufig hügelförmig angelegt und in der erhabenen Mitte von Putten, Steingefäßen oder sonstigen Skulpturen gekrönt. Neben geometrischen Formen wie Kreisen oder Ovalen konnten die Beete auch Tierfiguren oder Blütenornamenten nachempfunden sein. Diese Art der Beetgestaltung hat sich bis in die heutige Zeit gehalten. Im öffentlichen Bereich, in Stadt- und Kurparks sind sie nach wie vor ein wichtiges Gestaltungsmerkmal, auch wenn sie wegen der hohen Pflegekosten und ihres nicht zu leugnenden künstlichen Aussehens zusehends in die Kritik geraten.

Rückzug in die ländliche Romantik

Gegen Ende des 19. Jahrhunderts läuteten die Art-and-Crafts-Bewegung und der Jugendstil auch in der Gartengestaltung eine neue Epoche ein. Formale, gekünstelt wirkende Beete waren verpönt. Stattdessen wurden natürliche Formen und üppige Blütenfülle bevorzugt. In England gewannen so genannte Cottage-Gärten an Beliebtheit, in denen Nutz- und Zierpflanzen zwanglos kombiniert wurden. Als Ideal galt die Illusion des friedlichen Landlebens mit Reet gedeckten Bauernkaten inmitten von Gemüse-, Rosen- und Staudenbeeten.

Rosenbeete im Wandel der Zeit

Gegen Ende des 19. Jahrhunderts kam auch den Rosen im Blick auf den gestalterischen Einsatz in den Gartenanlagen eine neue Funktion zu und sie wurden zunehmend in Kombination mit Stauden gepflanzt. Bis dahin waren Rosen in der Regel in Sammlungen zusammengepflanzt. Besonders

In diesem Beet harmonieren romantische Strauchrosen mit Salbei und Gräsern

die Einfuhr remontierender Rosen aus China ab dem Ende des 18. Jahrhunderts regte viele europäische Gärtner nun dazu an, diese Rosen untereinander und mit heimischen Arten und Sorten zu kreuzen, sodass eine Fülle neuer Formen entstand.

Staudenbeete in heutiger Zeit

Nach wie vor gilt die Anlage einer perfekten Staudenrabatte als höchste Kunst des Gärtnerns. Natürlich können die Beete nicht mehr die Dimensionen früherer Zeiten haben, zumindest nicht im privaten Hausgarten. Ebenso muss man Abstriche machen, was die Pflegeintensität angeht. Der heutige Anspruch geht mehr in die Richtung, dass eine Rabatte zu jeder Jahreszeit attraktive Elemente aufweist. Durch geschickte Kombination von Stauden, (immergrünen) Gehölzen, Zwiebelblumen und auch einigen Sommerblumen kann das Beet mehrere Höhepunkte im Jahr aufweisen. Achtet man bei der Auswahl der Pflanzen zusätzlich darauf, dass sie in etwa die gleichen Ansprüche an Boden und Lichtverhältnisse haben, hält sich auch der Aufwand für die Pflege in Grenzen, wenn die Pflanzen erst einmal gut eingewachsen sind.

Die praktischen Grundlagen

Guter Boden, gesunde Pflanzen

Guter, ausreichend mit Nährstoffen versorgter Boden ist die Voraussetzung für dauerhaft schöne Beete mit gesunden Stauden, Sommerblumen und Gehölzen. Zum Glück haben nicht alle Pflanzen die selben Ansprüche an die Qualität des Boden, denn auch in der Natur sind die Gegebenheiten unterschiedlich und die Pflanzen haben sich an die Bedingungen angepasst. So wie Pflanzen sonnige oder schattige Standorte bevorzugen, gedeihen die einen auf schweren, eher feuchten Böden, andere dagegen benötigen gut durchlässigen Boden und kommen auch mit weniger Nährstoffen aus. Die Zuordnung der Stauden zu bestimmten Lebensbereichen, die in diesem Buch auf Seite 23 erläutert wird, gibt einen guten Anhaltspunkt, welche Ideen man im eigenen Garten verwirklichen kann. In gewissen Grenzen ist es allerdings immer möglich, Bodenverbesserungen vorzunehmen, etwa schweren Boden durchlässiger zu machen oder leichten Sandboden mithilfe von organischem Material mit Nährstoffen zu versorgen.

Um Aufschluss über den Zustand des Bodens im Garten zu erhalten, lohnt es sich, diesen gründlich zu analysieren, um dann gegebenenfalls die erforderlichen Verbesserungsmaßnahmen durchzuführen. Einen ersten Eindruck kann man schon mithilfe der so genannten Fingerprobe erhalten. Dazu entnimmt man eine Hand voll Erde, knetet diese gut durch und reibt sie dann zwischen Daumen und Zeigefinger hin und her.

- Sand knirscht beim Reiben stark und fällt sofort auseinander.
- Lehmiger Sand fühlt sich rau an und knirscht, lässt sich aber zur Kugel rollen.
- Sandiger Lehm fühlt sich rau und stumpf an, knirscht nur sehr schwach, lässt sich gut rollen und fällt auch beim Biegen nicht auseinander.
- Lehm ist staubig, glatt und stumpf, lässt sich leicht ausrollen und ist biegsam.

Gepflegter Kompost: Im unteren Bereich sieht man bereits reife Komposterde

- Toniger Lehm ist gut ausrollbar und biegsam, glänzt schwach und klebt leicht an den Fingern.
- Ton ist ganz glatt, stark klebrig und glänzt fettig. Es ist sehr gut ausrollbar und biegsam.

Auf Sand gebaut

Sandböden kommen vor allem im nördlichen Teil Deutschlands vor. Sie lassen sich sowohl im nassen als auch im trockenen Zustand sehr leicht bearbeiten. Der Nachteil dieser leichten Böden ist, dass sie sehr Wasser durchlässig sind und Niederschläge dementsprechend schnell versickern. In der Regel sind Sandböden arm an Nährstoffen. Durch Zugabe von reichlich organischem Material wie reifem Kompost, Stallmist und Gesteinsmehlen lässt sich Sandboden aber wirkungsvoll verbessern. Einerseits erhöht sich dadurch der Nährstoffgehalt, andererseits werden auch die Niederschläge besser im Boden festgehalten und sind für Pflanzenwurzeln länger verfügbar.

Verschiedene Bodenproben: Toniger Lehm, sandiger Lehm, Sand

Schwergewichtige Alleskönner

Lehmböden enthalten ein Gemisch aus Ton, Sand und Schluff. Ihr Vermögen, Wasser und Nährstoffe zu speichern ist gut und sie gelten als sehr fruchtbar. Der einzige Nachteil von Lehmböden liegt darin, dass sie bei starken Niederschlägen zur Verschlämmung neigen, was zur Verdichtung und Verschlechterung des Lufthaushaltes in den Bereichen unter der Oberfläche führt. Bei längerer Trockenheit führt das zusätzlich zur so genannten Klutenbildung, das heißt dicke zusammen hängende Klumpen, die nur durch ständiges Hacken aufzubrechen sind. Reichliche Gaben mit reifer Komposterde lockern Lehmböden nachhaltig auf. Auch eine Gründüngung mit tief wurzelnden Pflanzen, die dann gründlich in den Boden eingearbeitet werden, ist eine wirkungsvolle Methode der Bodenverbesserung.

Auf den Ton kommt es an

Tonböden kommen in reiner Form nur selten vor. Häufiger findet man Lehmböden mit hohem Tonanteil. Sie zeichnen sich durch dichtes Gefüge aus. Niederschläge versickern nur sehr langsam. Wegen des durch das dichte Gefüge häufig auftretenden Sauerstoffmangels kommt es zu er-

Nach gründlicher Bodenaufbereitung steht einer reichen Ernte nichts mehr im Weg

schwertem Wurzelwachstum. In nassem Zustand sind stark tonhaltige Böden extrem schwer zu bearbeiten, in Trockenzeiten neigen sie zu Riss- und Spaltenbildung. Durch reichliche Humus- und Sandzugaben können solche schweren Böden aber wirkungsvoll verbessert werden.

Methoden zur Bodenverbesserung

Nachdem der Boden im Garten analysiert wurde, sollte er sorgfältig vorbereitet werden, um den Pflanzen einen dauerhaften Lebensraum geben zu können.

Bodenverdichtungen aufbrechen

Stauden, Sommerblumen und Gemüsepflanzen durchwurzeln den Boden bis zu einer Tiefe von etwa 40 cm, Gehölze im Zuge ihres stetigen Wachstums auch wesentlich tiefer. Häufig sind Böden aber gerade in diesem Bereich stark verdichtet, zum Beispiel in Neubaugebieten durch den Einsatz von schweren Baumaschinen, in ländlichen Gegenden auch durch jahrelange Nutzung als Kuh- oder Pferdeweiden. Um den Boden wieder lockerer und damit für die Pflanzen durchwurzelbar zu machen, muss zunächst tiefgründig gelockert werden. Dazu wird er mit dem Spaten oder einer Grabegabel grobschollig umgegraben. Am besten erledigt man diese Arbeit im Herbst, sodass im Winter durch den Frost eine krümelige Struktur entsteht. Gerade bei schweren Böden hat sich doppeltes Umgraben, das so genannte Rigolen bewährt, bei dem die Erde zwei Spaten tief umgegraben wird. Dabei geht man folgendermaßen vor: die Fläche wird in ca. 50 cm breite Reihen unterteilt. Die erste Reihe wird zwei Spaten tief ausgehoben, der Aushub wird an der Seite abgelegt. Als Nächstes kommt der Aushub der zweiten Reihe in den Graben der ersten Reihe. Wegen der doppelten Spatentiefe des Grabens gelangt die obere Bodenschicht nun in den unteren Bereich, die untere hingegen in den oberen. Auf diese Weise arbeitet man sich Reihe für Reihe bis zum Ende der Fläche vor. In den letzten Graben füllt man dann den Aushub des ersten Grabens ein. Auf diese Weise gelangt die obere Bodenschicht samt Grasnarbe und Unkräutern nach unten. Den meisten Unkräutern wird auf diese Weise die Grundlage für weiteres Wachstum entzogen. Vor allem die Samen der Einjährigen liegen jetzt zu tief, um erfolgreich keimen zu können.

Wichtig: Wurzelunkräuter gründlich entfernen!

Schon beim Umgraben sollte man Wurzelunkräuter wie Quecke, Giersch und Ackerwinde sorgfältig herausziehen und auch jedes noch so kleine Wurzelstückchen aufsammeln. Diese Arbeit ist mühsam, aber nur so ist gewährleistet, dass diese lästigen Unkräuter wirklich dauerhaft verschwinden. Es ist nicht ratsam, die Fläche gleich nach der ersten Unkraut-Entfernung zu bepflanzen, denn erfahrungsgemäß bleiben trotz aller Sorgfalt immer einige Wurzelstückchen im Boden. Graben Sie regelmäßig alle neuen Triebe aus, bis der Boden wirklich unkrautfrei ist. Sehr wirkungsvoll ist es auch, die Fläche einige Monate Licht undurchlässig abzudecken, um die Unkräuter regelrecht auszuhungern. Dazu verwendet man am besten dicke Schichten Zeitungspapier, die überlappend und lückenlos auf dem zukünftigen Beet ausgelegt werden. Damit sie nicht wegfliegen, kann man sie mit Steinen oder einer dünnen Schicht Erde beschweren. Schwarze Folie eignet sich hierfür auch, hat aber den Nachteil, dass sie keine Niederschläge durchlässt, was für das Bodenleben nicht unbedingt förderlich ist. Die Abdeckung sollte möglichst lange, mindestens aber 4–5 Monate auf der Fläche verbleiben. Heben Sie sie zwischendurch an einigen

Gründüngung für lockeren Boden

Zusätzlich zur Bodenlockerung durch Muskelkraft ist eine Gründüngung nützlich. Sie bietet gleich mehrere Vorteile:

- Die Bodenstruktur wird verbessert
- Der Boden wird mit reichlich organischem Material angereichert
- Die Wurzeln der Gründüngungspflanzen brechen Verdichtungen weiter auf
- Das Bodenleben wird aktiviert, da die zahlreichen Mikroorganismen „Futter“ erhalten
- Die geschlossene Pflanzendecke unterdrückt aufkeimendes Unkraut.

Stellen leicht an, so können Sie sehen, ob Triebe zu sehen sind, die sich bis zur Oberfläche empor gekämpft haben. In diesem Falle sollte die Abdeckung noch länger liegen bleiben.

Mit der Natur arbeiten

Je nach Bodenart können unterschiedliche Gründüngungspflanzen eingesetzt werden. Arten mit langer Pfahlwurzel brechen den Boden besonders wirkungsvoll auf. In diese Gruppe gehören zum Beispiel Gelber Senf und Ölrettich. Bienenfreund, auch als Phacelia bekannt, ist auf leichten Böden mit hohem Sandanteil die richtige Wahl. Etliche Gründüngungspflanzen können auch Stickstoff aus der Luft sammeln und über Knöllchenbildung an den Wurzeln dem Boden zuführen. Diese Eigenschaft ist typisch für viele Leguminosen, zum Beispiel Lupine, Luzerne und andere Klee-Arten. Üblicherweise wird der Gründünger im Frühling oder Frühsommer ausgesät und im Herbst nach den ersten Frösten abgemäht. Die Pflanzenmasse wird einfach untergegraben und zersetzt sich während des Winters zum größten Teil. Wer den Boden den Winter über nicht brach liegen lassen will, kann im frühen Herbst Winterroggen ausbringen, der dann im folgenden Frühjahr untergegraben wird. Im Fachhandel sind übrigens auch verschiedene Gründünger-Mischungen erhältlich, die bereits auf die einzelnen Bodenarten abgestimmt sind.

Der pH-Wert des Bodens

Die meisten Stauden und Sommerblumen bevorzugen einen mehr oder weniger neutralen Boden um einen pH-Wert von 6,5 bis 7. Nur wenige Arten sind auf besonders kalkhaltigen oder sauren Boden angewiesen und werden mit Partnern zusammengepflanzt, die die gleichen Ansprüche haben. Den pH-Wert des Bodens kann man mit Teststreifen feststellen, die in Gartencentern und Fachgeschäften erhältlich sind. Bei zu saurem Boden können Sie Kalk zugeben. Dieser sollte 2–3 Wochen vor einer organischen Düngergabe aufgebracht werden. Bei zu kalkreichem Boden hilft eine Einarbeitung von Laub- und Nadelkompost. Auch aufgebrachter Rindenmulch senkt den pH-Wert des Bodens ab.

Mithilfe des Teststreifens kann der ph-Wert bestimmt werden

Düngen

Pflanzen entziehen dem Boden während des Wachstum ständig Nährstoffe, die ihm daher regelmäßig wieder zugeführt werden müssen. Bei der Neuanlage ist auch eine vorherige Grunddüngung sinnvoll, die am besten aus organischem Material wie Hornspänen bestehen sollte. Dabei ist eine Menge von 80 g/m^2 völlig ausreichend.

Organische und mineralische Dünger

Organische Dünger werden aus pflanzlichen oder tierischen Materialien hergestellt. Sie wirken langsam und gleichmäßig, da sie nach und nach von im Boden lebenden Mikroorganismen zersetzt werden, sodass die Pflanzen die enthaltenen Nährstoffe nutzen können. Bei höheren Temperaturen arbeiten die Mikroorganismen schneller, bei niedrigen Temperaturen entsprechend langsamer. Auf jeden

Generell gilt: Dem Boden muss nur so viel an Dünger zugeführt werden, wie ihm die Pflanzen entziehen. Bei zu reichlichen Düngergaben wird das Grundwasser unnötig belastet. Genaue Empfehlungen bezüglich Menge und Zusammensetzung erhalten Sie, wenn Sie Bodenproben an eine der Untersuchungsanstalten senden, die Bodenanalysen vornehmen (Adressen im Anhang)

Küchenabfälle werden werden auf dem Kompost zu wertvollem Humus

Fall dauert es 3-4 Wochen, bis die Pflanzen den aufgebrachten Dünger aufnehmen können. Zur Gruppe der organischen Dünger gehören zum Beispiel reifer Kompost, Hornspäne oder Rinderdung.
Mineralische Dünger sind hingegen wasserlöslich und für die Pflanzen sofort verfügbar. Sie sind in verschiedenen Mischungen oder auch als einzelne Mineralien im Handel erhältlich. Phosphat, Kali und Stickstoff gehören in die Gruppe. Bei der Anwendung sollte man bedenken, dass jeder Überschuss, der von den Pflanzen nicht aufgenommen werden kann, schnell

ins Grundwasser gelangt. Die Regel „Viel hilft viel“ ist hier auf jeden Fall fehl am Platz. Man sollte bei hohem Nährstoffbedarf der Pflanzen lieber öfter, aber sparsam düngen. Übrigens kann man auch mit organischen Düngestoffen leicht zu viel des Guten tun, und auch Kompost aus Rasenschnitt und Pflanzenabfällen enthält einen hohen Anteil an Stickstoff. Daher sollte er nicht zu großzügig verwendet werden.
Neben rein organischen oder mineralischen Düngern sind auch Mischungen erhältlich, so genannte organisch-mineralische Dünger. Sie wirken schnell und lang anhaltend.

Kompost darf in keinem Garten fehlen

Wenn immer es möglich ist, sollten Sie einen Komposthaufen im eigenen Garten anlegen, denn dieser ist der beste Lieferant von humusreichem organischem Material. Bei der Verrottung von pflanzlichem Material entsteht Wärme, die die Vermehrung von Bakterien und Mikroorganismen fördert. Diese wandeln den Abfall in Kompost um. In den Komposthaufen können Sie fast alle Garten- und Küchenabfälle geben. Dabei sollten Sie groben und feinen Abfall immer gut mischen. Feuchter Rasenschnitt verklumpt zum Beispiel leicht, wenn man ihn in zu dicken Schichten aufsetzt. Dann wird der Rotteprozess gestört und es kommt zu Schimmelbildung. Geben Sie also immer reichlich gehäckselte Äste oder auch Zeitungspapier dazwischen. Größere Mengen Laub, das im Herbst anfällt, können Sie auch gesondert kompostieren. Sie erhalten auf diese Weise wertvolle Lauberde, die Sie zum Mulchen und zur Bodenverbesserung verwenden können, besonders für schattige Beete unter Bäumen.

Auf die Menge kommt es an

Die notwendige Düngermenge hängt vom Nährstoffgehalt des Bodens und dem Bedarf der Pflanzen ab. So benötigen zum Beispiel einjährige Sommerblumen mit viel Blatt- und Blütenmasse relativ große Mengen, denn sie haben eine hohe Wuchsleistung in relativ kurzer Zeit zu bewältigen. Auch im Sommer blühende Knollenblumen wie Dahlien und Canna haben einen sehr hohen Nährstoffbedarf.
Im Gemüsebeet hängt es von den kultivierten Arten ab, wie viel Dünger Sie zugeben müssen. Alle Kohlarten zum Beispiel sind echte „Düngerfresser“, die bei schlechter Versorgung kümmern und leichter von Schädlingen befallen werden.

Bei den Stauden kommt es stark darauf an, welchem Lebensraum sie zuzuordnen sind. Prachtstauden in der Rabatte benötigen mehr Dünger als Steppenpflanzen oder Steingartengewächse. Ebenso kommen die meisten Schattenpflanzen mit weniger Dünger aus als Beetstauden, die in der vollen Sonne wachsen. Gerade Schattenpflanzen reagieren sehr empfindlich auf eine zu hohe Konzentration von Salzen, die in den handelsüblichen Mineraldüngern enthalten sind. Normalerweise genügt eine Düngergabe von 60 g/m^2 pro Jahr mit organischem oder organisch-mineralischem Dünger völlig aus. Prachtstauden hingegen benötigen Mengen von 100–150 g/m^2 und sind auch für

schnell verfügbaren Mineraldünger dankbar.
Generell gilt die Faustregel: Je höher die Pflanze, je schneller das Wachstum und je größer die Blattmasse, desto höher ist auch der Nährstoffbedarf.

Pflanzen, pflegen und vermehren

Nachdem das Beet entsprechend vorbereitet ist, können Sie mit dem Pflanzen beginnen. Stellen Sie die Stauden, die sich zumeist in Töpfen befinden, neben das Beet. Falls Sie vorher einen Pflanzplan erstellt haben, übertragen Sie die vorgesehenen Abschnitte im Beet mit Sand. Sie können auch die Töpfe nach dem Pflanzplan arrangieren, natürlich nicht im vorgesehenen Abstand, sondern dichter zusammen. Auf diese Weise haben Sie die Pflanzen gleich in der richtigen Reihenfolge parat. Nachdem die genaue Anordnung der Pflanzen feststeht, legen Sie sie an die vorgesehenen Stellen. Wenn Sie die Stauden in Gruppen zusammenpflanzen, verteilen Sie die Exemplare gleichmäßig, aber nicht in regelmäßiger Anordnung, wie zum Beispiel in Quadraten, sondern in dynamischen Umrissen wie Nieren oder länglichen Ovalen. Nach der Verteilung nehmen Sie die Pflanzen vorsichtig aus den Töpfen.

Einsetzen der Wurzelballen

Stauden ohne Wurzelballen, die Sie etwa als wurzelnackte Rhizome in Beuteln gekauft haben, werden ebenso zurechtgelegt. Sie werden immer zuerst gepflanzt, da ihre Wurzeln ungeschützt sind und schnell austrocknen können. Graben Sie mit einer kleinen Handschaufel ausreichend große Löcher, in die Sie die Wurzelballen oder Rhizome vorsichtig einsetzen, sodass der Wurzelhals mit der Bodenoberfläche auf gleicher Höhe ist. Drücken Sie die Pflanzen nun behutsam mit den Händen an. Dann ziehen Sie ganz leicht an den Pflanzen, um zu prüfen, ob sie wirklich fest in der Erde sitzen. Nach dem Pflanzen wässern Sie selbst dann ausgiebig, wenn es regnet, auch damit sich eventuelle Hohlräume im Pflanzloch noch schließen. In der ersten Zeit nach der Pflanzung sollten Sie regelmäßig und reichlich gießen, um ein gutes Anwachsen sicherzustellen.

Die Pflege

Besonders in der ersten Zeit, wenn die Pflanzen noch klein sind und große Lücken im Beet bestehen, ist es sinnvoll zu mulchen. Einerseits wird dadurch die Feuchtigkeit besser im Boden gehalten, andererseits keimen unter der Mulchdecke weniger Unkräuter. Die Mulchdecke sollte dazu aber mindestens 5–7 cm dick sein. Als Mulchmaterial eignen sich Rindenhäcksel, Laubkompost oder auch klein gehacktes Stroh, das man am besten mit Laub vermischt.
Wichtig: Bei der allmählichen Zersetzung der organischen Mulchmaterialien entziehen die Bodenlebewesen dem Boden Nährstoffe. Daher ist eine vorherige Grunddüngung zum Beispiel mit Hornspänen sinnvoll. Verwenden Sie dazu etwa 80 g/m^2.
Nach 2–3 Jahren hat sich die Mulchschicht zersetzt und muss erneuert werden.
Falls Sie nicht mulchen, müssen Sie den Boden regelmäßig hacken und aufkeimende Unkräuter entfernen.

! Falls die Wurzelballen in den Töpfen trocken sind, sollten Sie sie vor dem Pflanzen ausgiebig mindestens zwei Stunden wässern. Am besten stellen Sie die Töpfe in eine große Schüssel oder Wanne und füllen Wasser bis zu den oberen Topfrändern ein. So können sich die Wurzeln in der Zeit mit Wasser voll saugen und die Ballen lösen sich hinterher auch besser aus den Töpfen.

Humus zuführen

Humus können Sie regelmäßig durch die Abdeckung der Beetfläche mit reifem Kompost, der aber unbedingt unkrautfrei sein sollte, zuführen. Der beste Zeitpunkt hierfür ist das zeitige Frühjahr vor dem Austrieb. Die notwendige Düngermenge können Sie auf diese Weise reduzieren.

Gründliches Angießen nach der Pflanzung

Die so genannte Gartenkralle leistet gute Dienste bei der Bodenlockerung

Gießen

Gut eingewachsene Beete müssen nur in längeren Trockenzeiten gewässert werden, besonders wenn Sie die Pflanzen standortgerecht ausgewählt haben. Steppenpflanzen benötigen auch in Trockenzeiten wenig Wasser. Ältere Stauden, die schon lange Zeit am gleichen Platz stehen, haben ein weit verzweigtes Wurzelsystem, das Gleiche gilt erst recht für Gehölze. Sommerblumen benötigen eine höhere Wassermenge, denn sie haben eine viel höhere Wuchsleistung in der kurzen Zeit einer Saison, zudem stammen viele aus subtropischen oder gar tropischen Gegenden mit regelmäßigen hohen Niederschlägen. Ausnahmen bestätigen natürlich auch hier die Regel, manche sind ausgesprochene Hungerkünstler.

Unkraut entfernen

Auch durch dicke Mulchdecken schieben sich hin und wieder aufkeimende Unkräuter hindurch. Am besten kontrollieren Sie die Beete regelmäßig und entfernen das Unkraut, solange es noch klein ist und sich leicht entfernen lässt. Auch zwischen eingewachsenen Stauden kommen hin und wieder hartnäckige Unkräuter hoch, die umgehend entfernt werden sollten, bevor sie umfangreiches Wurzelwerk bilden können. Am besten geht man mit einer schmalen Hacke zu Werke, mit der man gut zwischen die einzelnen Pflanzen gelangt.

Aufbinden und Stäben

Höhere Stauden können besonders unter kräftigen Regengüssen umfallen oder auseinander fallen. Um das zu verhindern, versieht man sie am besten mit einer Stütze. Horstige Stauden werden entweder mit so genannten Staudenringen zusammengehalten, die es im Fachhandel zu kaufen gibt, oder mit möglichst unauffälligen Schnüren, die Sie mit Bambusstäben oder Ähnlichem um die Pflanze herum fixieren. Auch zwischengesteckte verzweigte Reiser eignen sich für nicht zu schwere Stauden. Achten Sie darauf, dass die natürliche Wuchsform möglichst erhalten bleibt und binden Sie die Stauden nicht schopfartig zusammen. Eintriebige Pflanzen, zum Beispiel Zwiebelblumen wie Lilien oder Gladiolen, binden Sie einzeln an Bambusstäben fest. Als Befestigungsmaterial eignen sich durchsichtige Kabelbinder besonders gut, denn sie fallen kaum auf.

Schnittmaßnahmen

Um eine kontinuierliche Blüte zu fördern, sollten Sie stets alles Verblühte abschneiden. Manche Stauden treiben auch nach einem radikalen Rückschnitt direkt nach der Blüte neu aus und bilden frisches Laub, einige gelangen auf diese Weise auch zu einer späteren Nachblüte. So einen totalen Rückschnitt nennt man auch Remontierschnitt. Halbsträucher wie Lavendel (*Lavandula angustifolia*), aber auch Kleinsträucher, die im Winter zurückfrieren, werden im Frühjahr bis auf ein Drittel zurückgeschnitten, damit sie kräftig austreiben und kompakt bleiben.

Der richtige Schnitt bestimmt die Entwicklung der Rose. In diesem Fall wird die Schere zu nahe am oberen und zu hoch über dem unteren Auge angesetzt.

Standortfaktoren sind entscheidend

Welchen Gartenstil, welche Farben und welche Pflanzen man bevorzugt, ist Sache des persönlichen Geschmacks. Dieser unterliegt natürlich auch immer Modeerscheinungen. Besonders bei den Sommerblumen, die im Beet oder auf dem Balkon verwendet werden, lassen sich unschwer Farbtrends ausmachen. Im einen Jahr gelten Kombinationen in kühlen pastelligen Tönen als Nonplusultra, im nächsten hingegen starke Gegensätze in leuchtenden Farben. Pflanzenzüchter, Marketingorganisationen und Gartenbaubetriebe versorgen die Presse mit Informationen und reichlich Bildmaterial, sodass auf diese Weise schnell Trends geschaffen werden. Ob man sich diesen Trends immer anschließt, bleibt jedem selbst überlassen. Aber gerade bei Beeten, die nicht für die „Ewigkeit" konzipiert werden, macht es Spaß, der Fantasie beim Experimentieren mit Farben und Formen freien Lauf zu lassen.

Die Gegebenheiten berücksichtigen

Anders ist es mit den von der Umwelt vorgegebenen Standortfaktoren, die sich nur begrenzt beeinflussen lassen. Liegt das Beet in der Sonne oder im Schatten? Wie feucht ist der Boden? Ist er sehr durchlässig oder neigt er zur Staunässe? Wie kalt kann es im Winter werden? All dies sind Fragen, die bei der Auswahl und Zusammenstellung der Pflanzen eine wichtige Rolle spielen sollten. Es macht wenig Sinn, sonnenhungrige Prachtstauden im tiefen Schatten zu pflanzen, womöglich noch im Bereich des Wurzeldrucks hoher Gehölze. Andererseits verkümmern viele Schattenstauden in voller Sonne; sie leiden unter zeitweiliger Trockenheit und ihre oft dekorativen Blätter verbrennen unter der starken Strahlungseinwirkung.

Die weißen Blüten des Silberlings hellen diesen schattigen Gartenteil sichtbar auf

Die Grenzen des Wachstums

Eine Verbesserung des Bodens ist in vielen Fällen zumindest in Maßen möglich, allerdings wird man nie aus Sandboden mit hohem Kalkgehalt einen sauren, humosen Waldboden zaubern können. Es ist also sinnvoll, die Pflanzenauswahl den Gegebenheiten anzupassen und nicht gegen die Natur zu arbeiten. Wie gesagt, eine Bodenverbesserung ist in Grenzen immer möglich und auch sinnvoll, denn die meisten, oft stark züchterisch bearbeiteten Blütenpflanzen benötigen einen sorgfältig bearbeiteten und gut mit Nährstoffen versorgten Boden, um sich dauerhaft gut zu entwickeln. Doch auch für problematische Standorte steht uns eine ausreichende Anzahl attraktiver Pflanzen zur Verfügung, die ihre Stärken sogar erst unter diesen besonderen Bedingungen voll ausspielen. Um die Auswahl der

Die einzelnen Lebensbereiche

In der Praxis hat sich die Einteilung in acht Lebensbereiche durchgesetzt, wobei der Lebensbereich „Wasser“ für die Planung von Beeten keine Rolle spielt. Wenn man sich bei der Planung von Beeten an den im Garten vorhandenen Lebensbereichen orientiert und die dafür geeigneten Stauden miteinander kombiniert, erhält man dauerhaft schöne Beete mit gesunden Pflanzen, und auch der Pflegeaufwand hält sich in vertretbaren Grenzen.

LEBENSBEREICH GEHÖLZ: Hier fühlen sich besonders die Stauden zu Hause, die in enger Beziehung zu Gehölzen stehen. Sie benötigen Schatten oder zumindest Halbschatten und bevorzugen humusreiche, eher frische Böden.

LEBENSBEREICH GEHÖLZRAND: Viele Bereiche im Garten sind zeitweilig im Schatten, zeitweilig aber auch der Sonne ausgesetzt. Am Rand von Gehölzen, Mauern und Gebäuden bekommen die Pflanzen je nach Himmelsrichtung etliche Stunden Sonne, während sie den Rest des Tages im Schatten stehen. Unter lichten Sträuchern hingegen entsteht eher eine Art Filter, man spricht dann von Streuschatten oder lichtschattigem Standort. Die Bodenverhältnisse können im Halbschatten recht unterschiedlich sein, je nachdem ob Konkurrenz durch das Wurzelwerk von Bäumen besteht, der Boden durchlässig ist oder nicht, oder ob Regenschatten durch Gebäudeteile verursacht wird.

LEBENSBEREICH SONNIGE FREIFLÄCHE: Je nach Bodenfeuchte kann dieser Lebensraum Steppen- oder Wiesencharakter besitzen. Wildstauden oder züchterisch wenig bearbeitete Arten und Sorten finden hier ihren Platz. In der Steppe fühlen sich auch zahlreiche Gräser wohl, die sich gut mit Stauden aus sommertrockenen amerikanischen Gebieten kombinieren lassen. Viele Vertreter dieses Lebensraumes sind empfindlich gegen dauernde Winternässe, sodass der Boden auf jeden Fall gut dräniert sein sollte. Schwerer Boden sollte mit reichlich Sand und Splitt aufbereitet werden. Auf nährstoffreicheren, frischen Böden lassen sich heimische Wiesenblumen mit Prachtstauden vergesellschaften.

LEBENSBEREICH STEINGARTEN: Pflanzen für diesen Bereich sind meist kleinwüchsig. Viele wachsen auch kriechend oder polsterförmig. Neben dem eigentlichen Steingarten zählen auch Trockenmauern, Steintreppen und Geröllmatten zu diesem Lebensbereich. Die meisten Steingartenpflanzen bevorzugen Sonne oder zumindest einen überwiegend sonnigen Standort, es gibt aber auch Spezialisten, die auf absonnigen Mauerseiten hervorragend gedeihen und auf die dort herrschende höhere Luftfeuchtigkeit angewiesen sind.

LEBENSBEREICH ALPINUM: Echte alpine Pflanzen sind nur etwas für Spezialisten und Liebhaber, die die sehr spezifischen Ansprüche erfüllen können. Daher wird hier nicht näher darauf eingegangen.

LEBENSBEREICH BEET: Die Bezeichnung „Beet“ ist etwas irreführend, denn bei den anderen Lebensbereichen handelt es sich ja auch um Beete. „Prachtstaudenbeet“ oder „Rabatte“ trifft es vielleicht besser. Die Vertreter dieses Lebensraumes benötigen tiefgründigen, gut mit Nährstoffen versorgten, genügend feuchten, aber auch durchlässigen Boden, um gut zu gedeihen. Auch sind sie allesamt echte Sonnenkinder, die bei zu viel Beschattung kümmern und erheblich in ihrer Blühleistung nachlassen. Eine gründliche Bodenvorbereitung vor der Anlage einer Rabatte hat daher oberste Priorität.

LEBENSBEREICH WASSERRAND: Der Randbereich von Gartenteichen ist in der Regel feucht bis sumpfig, man kann sogar eine separate Flachwasserzone mit einplanen, deren konstanter Wasserstand etwa 10 cm beträgt. Auch für diesen Bereich gibt es eine Fülle von Stauden. Heimische Stauden, die in der Natur auf Feuchtwiesen wachsen, eignen sich für den Teichrand ebenso wie Sumpfgräser. Zu den Spezialisten für den Wasserrand gehören auffällig viele Stauden mit ornamentalem Blattschmuck.

richtigen Pflanzen für den richtigen Standort zu erleichtern, ist zumindest für den Bereich der Stauden ein System entwickelt worden, bei dem diese verschiedenen Lebensbereichen zugeordnet werden. Inzwischen ist dieses System in die meisten Staudenkataloge eingearbeitet und bietet dem Gartenbesitzer eine wertvolle Orientierungshilfe bei der Auswahl der geeigneten Pflanzen. Allerdings sollte man die Zuordnung auch nicht allzu streng handhaben, denn viele Stauden kommen nicht nur mit einem Standort gut zurecht, sondern auch mit ähnlichen Bedingungen. So gedeihen viele Prachtstauden auch an nur zeitweise beschatteten Plätzen vor Gehölzen ohne Weiteres.

Die Vermehrung von Stauden

Fast alle Stauden lassen sich einfach durch Teilung vermehren. Im Laufe der Zeit vergrößert sich der Wurzelstock, aus dem sich dann zahlreiche Sprosse entwickeln. Lediglich Stauden mit Pfahlwurzeln lassen sich nicht teilen. Für die Teilung graben Sie die Staude komplett aus und teilen den Wurzelstock durch einen kräftigen Hieb mit dem Spaten vertikal in zwei Teile. Besonders umfangreiche Wurzelstöcke können Sie auch in mehrere Stücke teilen. Sind die Wurzeln sehr verfilzt, können Sie auch mit zwei Grabegabeln in die Mitte stechen und den Wurzelstock durch Auseinanderziehen der Gabeln in zwei Teile reißen. Die Teilstücke werden

Farne entwickeln sich auch im Schatten hoher Gehölze prächtig

gleich danach wieder eingepflanzt, damit sie nicht austrocknen. Falls das nicht sofort möglich ist, verpacken Sie die Wurzeln in Plastiktüten und halten Sie sie feucht. Auf diese Weise lassen sich die Stauden einige Tage lagern. Die beste Zeit für diese Vermehrungsweise ist das zeitige Frühjahr oder der späte Herbst, wenn sich die Pflanzen in der Ruhephase befinden. Rhizome, zum Beispiel von der Bart-Iris (*Iris-Barbata*-Hybriden) werden zur Vermehrung mit einem scharfen Messer in mehrere Teilstücke geschnitten. Achten Sie dabei darauf, dass jedes Teilstück mindestens einen Austrieb aufweist. Diese Arbeit sollte im Sommer nach der Blütezeit vorgenommen werden. Die Vermehrung durch Wurzelschnittlinge, die besonders bei Stauden mit Pfahlwurzeln die einzige Vermehrungsmöglichkeit ist, ist nur unter Profi-Bedingungen erfolgreich. Am besten kaufen Sie solche Pflanzen in der Gärtnerei.

Die Vermehrung von Sommerblumen

Obwohl es einfacher ist, fertige Pflanzen beim Gärtner oder im Gartencenter zu kaufen, macht es auch Spaß, selber Pflanzen für den Eigengebrauch heranzuziehen. Zudem sind manche Arten und bestimmte Sorten nur selten als Pflanzen erhältlich. Auch alle Wildstauden lassen sich aus Saatgut heranziehen.

Beet mit Einjährigen in der ausdrucksstarken Kombination Blau-Orange-Gelb

Erfolgreich aussäen

Damit die Aussaat erfolgreich ist, sollten Sie einige grundlegende Dinge beachten. Zunächst eignen sich nicht alle Arten für die Aussaat zu Hause, denn sie haben ganz spezielle Wünsche an Faktoren wie Temperatur, Licht und Luftfeuchtigkeit, die vom Hobbygärtner nur schwer zu erfüllen sind. Einige Arten müssen schon im Januar ausgesät werden, damit sie bis zum Sommer blühfähig sind. Ohne zusätzliches Licht mithilfe spezieller Pflanzenleuchten entwickeln sich die Keimlinge nicht zufrieden stellend. Ab Februar können Sie auch auf einer hellen Fensterbank aussäen, denn

nun werden die Tage bereits etwas länger und die Keimlinge erhalten genügend Licht.
Viele robuste Einjährige lassen sich auch gut an Ort und Stelle, also im Beet aussäen. Falls Sie die Pflanzen jedoch auch für die Bestückung von Kästen und Kübeln benötigen, ist die Anzucht in Kisten oder Einzeltöpfen sinnvoll. Sie lassen sich so besser umpflanzen. Die meisten Arten und Sorten müssen sowieso spätestens im März ausgesät werden, wenn es für eine Direktsaat im Garten noch zu früh ist.

Aussaat auf der Fensterbank

Für die Aussaat auf der Fensterbank bieten sich die verschiedensten Anzuchtgefäße an. Wenn Sie nur eine kleinere Anzahl an Pflanzen heranziehen wollen, können Sie durchaus auf haushaltsübliche Behälter wie Jogurtbecher oder Champignonkistchen aus Kunststoff zurückgreifen. Grobes Saatgut, etwa von Sonnenblumen, wird einzeln oder in 3er-Gruppen in Jogurtbecher oder kleine Blumentöpfe gesät. Feinere Samen sät man besser breitwürfig in Saatkistchen aus. Im Handel werden hierfür spezielle Kisten aus Styropor angeboten, die mehrmals wieder verwendet werden können. Die üblichen Maße dieser Kisten sind 20 x 30 cm oder auch 15 x 20 cm. Der Vorteil dieser Styroporkisten ist der, dass Wände und Boden gut Wärme dämmend sind und die Sämlinge ohne größeren Wärmeverlust auch auf einer kalten Granitfensterbank stehen können. Bei dünnwandigen Anzuchtbehältern ist es hingegen günstig, eine Wärme dämmende Schicht unterzulegen, zum Beispiel dicke Pappe oder eine Styroporplatte. Styroporkisten sind leider etwas bruchempfindlich und sollten immer vorsichtig behandelt werden. Sie können alle Anzuchtgefäße mehrmals wieder verwenden, wenn Sie sie vor neuerlichem Gebrauch gründlich säubern, um eventuelle Krankheitskeime abzutöten.
Saatkisten gibt es auch aus verschiedenen Kunststoffen. Achten Sie darauf, dass sie möglichst schlagfest sind, dann sind sie lange haltbar und können viele Jahre weiter verwendet werden.

Mini-Gewächshäuser

Eine gleichmäßige Feuchtigkeit trägt wesentlich dazu bei, dass sich die empfindlichen Keimlinge gut entwickeln. Bei einer Abdeckung der Anzuchtgefäße verdunstet weniger Feuchtigkeit aus der Erde. Die Gefahr, dass die Erde zu stark austrocknet, wird dadurch verhindert. Außerdem müssen Sie weniger gießen. Im Fachhandel sind verschiedene Treibkistchen mit durchsichtiger Abdeckhaube erhältlich, die auch auf der Fensterbank Platz finden. Sie können die Kistchen entweder direkt mit Erde füllen oder auch mit einzelnen Töpf-

chen oder Multitopfpaletten bestücken.
Als Alternative bieten sich auch Abdeckungen Marke Eigenbau aus Folie an. Dafür stülpen Sie einfach durchsichtige Plastiktüten über die Anzuchtgefäße, eventuell stecken Sie noch kleine Stäbchen (zum Beispiel Schaschlikspieße aus Holz) in die Erde, um die Tüte auf Abstand zu den Keimlingen zu halten. Wichtig ist aber, dass Sie die Abdeckungen nach erfolgter Keimung regelmäßig anheben, um die Pflanzen zu belüften und um sie allmählich abzuhärten.

Anzuchtplatten

Neben den klassischen Töpfen und Kistchen sind zahlreiche Plattensysteme auf dem Markt, die auch dem Hobby-Vermehrer die Arbeit sehr erleichtern. Besonders die Arbeit des mehrmaligen Pikierens fällt dabei weg, die Sämlinge werden nur noch einmal pikiert und kommen dann an ihren endgültigen Standort.
Anzuchtplatten sind miteinander verbundene kleine Töpfchen. Jede Pflanze kann dabei ihren eigenen Wurzelballen ausbilden. Das Wurzelwerk wird also beim Verpflanzen nicht mehr auseinander gerissen, wodurch der Umpflanzschock erheblich gemildert wird. Auch die Gefahr, dass sich Pilzerkrankungen von einer Pflanze auf die andere übertragen, wird erheblich geringer. Befallene Pflanzen können Sie einfach entfernen, ohne dass die anderen in ihrem Wachstum gestört werden. Die meisten Anzuchtplatten sind viereckigen Töpfchen zusammengesetzt, es gibt aber auch zapfen- und kegelförmige. Durch die geringe Ballengröße ist es wichtig, dass Sie die Pflanzen regelmäßig mit Wasser und Nährstoffen versorgen. Durchgetrocknete Ballen bedeuten in der Regel den Tod für die zarten Pflänzchen!

Jiffy-Pots

Diese Gruppe von Anzuchtgefäßen zeichnet sich dadurch aus, dass sie mitsamt den Pflanzen in die endgültigen Pflanzbehältnisse kommen, also nicht wiederverwendet werden können. Sehr gebräuchlich sind die so genannten Jiffy-Pots, die in der Regel in zusammenhängenden Platten an-

Kräftiger Keimling, der nun vereinzelt und umgepflanzt werden sollte

geboten werden. Sie bestehen zu 75 % aus Torf sowie aus Bindemitteln und verschiedenen Spurenelementen für die Pflanzenversorgung. An den Wänden der Töpfchen werden nach kurzer Zeit die Wurzelspitzen sichtbar. In Jiffy-Pots bilden die Pflanzen ein besonders feines, dicht verzweigtes Wurzelwerk aus, was zu kräftigen und wüchsigen Exemplaren führt. Wichtig ist auch hier, dass Sie die Sämlinge regelmäßig und ausreichend wässern. Die Töpfe haben ein hohes Quellvermögen und können dadurch sehr gut Wasser speichern.

Torfquelltöpfe

Bei den so genannten Torfquelltöpfen handelt es sich nicht im eigentlichen Sinne um Töpfe, sondern um eine Art Substratballen, in den Sie direkt aussäen bzw. pikierte Sämlinge umpflanzen können. Um das Substrat ist ein Kunststoffnetz gewickelt, das für die nötige Stabilität sorgt. Vor der Verwendung müssen die Töpfe zunächst im Wasser quellen, um ihre endgültige Größe zu erreichen. Legen Sie die Töpfe dazu in eine Schale und übergießen Sie sie mit Wasser. Dabei quellen sie bis zum Zehnfachen ihrer ursprünglichen Größe auf. Der Vorgang dauert etwa 5–10 Minuten. Danach können Sie sofort mit der Aussaat beginnen. Später werden die Pflanzen mitsamt dem Netzballen ausgepflanzt. Auch hier gilt: immer gleichmäßig feucht halten.

Paperpots

Eine umweltbewusste Alternative sind Paperpots. Es handelt sich dabei um Einwegtöpfe aus präpariertem Spezialpapier ohne Boden. Sie sind zu größeren Einheiten verbunden und werden mit Anzuchterde gefüllt, wobei sie in Kisten gestellt werden, da sie ja keinen Boden besitzen. Im Laufe der Anzuchtphase löst sich der Kleber auf, der die einzelnen Töpfe zusammen hält, sodass Sie die Pflanzen leicht mitsamt dem Topf umpflanzen können, der dann schnell verrottet. Tipp: Die Unterteile von Eierkartons oder auch die größeren Eierpaletten eignen sich vorzüglich als Aussaatgefäße. Wenn die Sämlinge zu groß sind, schneiden Sie einfach die einzelnen Elemente auseinander, entfernen die Böden und setzen sie mitsamt den Pflanzen in größere Töpfe. Eierkartons sind eine preiswerte Alternative zu Multitopfpaletten und Paperpots.

Aussaaterden

Eine entscheidende Rolle für den Aussaaterfolg spielt die richtige Aussaaterde. Im Gegensatz zu den normalen Pflanzsubstraten ist Aussaaterde immer ungedüngt, da die Sämlinge zunächst kaum Nährstoffe benötigen. Zudem muss Aussaaterde keimfrei sein, denn die Sämlinge sind sehr anfällig für Schadorganismen jeglicher Art. Am besten verwenden Sie die im Handel erhältlichen fertig gemischten Aussaaterden. Die meisten enthalten

einen hohen Anteil an Torf, doch es gibt auch Alternativen, bei denen Torf durch andere Wasser speichernde Faserstoffe wie etwa Kokosfasern ersetzt wurden. Achten Sie beim Kauf aber immer auf Qualitätserde, die regelmäßig von unabhängigen Institutionen überwacht wird (Hinweise auf der Verpackung).
Sie können für die Aussaat auch selbst erzeugte Komposterde verwenden, die Sie jedoch mit etwas Sand und eventuell Torf mischen sollten. Wichtig ist in jedem Fall, dass Sie die Erde vor der Verwendung sterilisieren, um die immer vorhandenen Mikroorganismen abzutöten, die sonst zu Pilz- und Virusinfektionen der Sämlinge führen können. Dazu füllen Sie die Erde in hitzefeste Behälter (Sie können auch Bratfolie verwenden) und erhitzen sie im Backofen eine halbe Stunde auf 80–90 °C.

Aussaat im Frühbeet

Wer eine größere Anzahl Sommerblumen heranziehen möchte, sollte die Anschaffung eines Frühbeetes überdenken. Bei einem Frühbeet handelt es sich im Prinzip um einen Kasten mit Seitenwänden und einer Licht durchlässigen Abdeckung, der mit Anzuchterde gefüllt wird. Die empfindlichen Sämlinge können im Frühbeet zuverlässig vor Frösten und starkem Regen und Hagelschlag geschützt werden, außerdem herrschen unter der Glasabdeckung höhere Temperaturen als außerhalb des Frühbeetes, was sich positiv auf das Wachstum auswirkt. Es lässt sich leicht in einem Beet an geschützter Stelle aufstellen und kann im Frühsommer, wenn es nicht mehr benötigt wird, zur Seite geräumt werden.

! Aussaaterde selbst gemischt

Erde von Maulwurfshügeln eignet sich sehr gut als Basis für Aussaaterde, denn sie ist locker und in der Regel leicht zu erhalten, besonders in ländlichen Gebieten. Mischen Sie dazu 1 Teil Maulwurfserde, 1 Teil gewaschenen Sand und 1 Teil Torf. Die Erdmischung eignet sich auch gut als Substrat für die Stecklingsvermehrung.

Wie tief sollen die Samen in der Erde liegen?

Als Faustregel für die richtige Aussaattiefe gilt, dass die Samen so hoch mit Erde bedeckt werden, wie sie dick sind. Sehr feine Samen werden häufig nicht mit Erde abgedeckt, sondern nur gut angedrückt. In diesem Fall müssen Sie aber besonders darauf achten, dass die Erde immer gut feucht gehalten wird, sonst kommt es zu keiner Keimung. Einige Pflanzenarten gehören zu den so genannten Lichtkeimern, dürfen also auf keinen Fall mit Erde abgedeckt werden. Dies ist aber immer auf den Samentüten vermerkt.

Die richtige Behandlung der Aussaaten

Zunächst sollten Sie an allen Aussaatgefäßen Stecker oder Etiketten anbringen, damit es später nicht zu Verwechslungen kommt. Besonders wenn Sie mehrere farblich unterschiedliche Sorten einer Art ausgesät haben, weil Sie bestimmte Farbkombinationen geplant haben, wäre es ärgerlich, wenn plötzlich ganz andere Farben in einem bepflanzten Beet auftauchen. Wichtig ist auch das Angießen nach der Aussaat. Gröberes Saatgut wird am besten mit einem Brauseaufsatz gegossen, sehr feine Samen, die nicht oder kaum abgedeckt sind, können aber bei dieser Methode leicht aufgeschwemmt werden. Daher werden sie am besten mit einem Zerstäuber befeuchtet. Torfquelltöpfe und ähnliche durchlässige Behälter können auch einfach in eine Schale mit Wasser gestellt werden, damit sie sich vollsaugen.

Richtig wässern und belüften

Auch später müssen Sie die Aussaaten regelmäßig wässern. Beobachten Sie die Aussaatgefäße regelmäßig, um ein Gefühl für den richtigen Zeitpunkt zu bekommen. Wenn die Oberfläche leicht abgetrocknet ist, wird es Zeit für eine erneute Wassergabe. Warten Sie zu lange, sterben die Keimlinge sehr leicht ab, denn sie haben ja noch kaum Wurzeln. Doch auch Staunässe ist der sichere Tod für die zarten Pflänzchen. Als Gießwasser verwenden Sie am besten abgestandenes zimmerwarmes Wasser. Optimal ist weiches Regenwasser, doch auch Leitungswasser mit einer Temperatur von mindestens 18 °C ist problemlos verwendbar.

Üppige Zucchinipflanzen im Frühbeet

Mit Folien oder Scheiben abgedeckte Aussaaten werden, sobald sich die ersten Keimblätter an der Oberfläche zeigen, regelmäßig belüftet. Dazu heben Sie die Abdeckung mithilfe zwischengeklemmter Hölzchen ein wenig an. Sind die Keimlinge dann zu kräftigen Jungpflanzen herangewachsen, werden die Abdeckungen ganz entfernt.

Der richtige Standort

Am besten entwickeln sich Sämlinge an einem hellen, aber nicht direkt sonnigen Standort. Südfenster sind also nur bedingt geeignet, eventuell müssen Sie dort für eine Schattierung während der Mittagsstunden sorgen. Alle anderen Himmelsrichtungen sind uneingeschränkt geeignet. Achten Sie aber darauf, dass die Aussaatgefäße immer möglichst dicht am Fenster stehen. Standorte im Innern des Zimmers sind nur geeignet, wenn Sie zusätzlich spezielle Pflanzenleuchten darüber installieren, die für das nötige Licht sorgen.

Keim- und Kulturtemperaturen

Die meisten Samen von Sommerblumen und Gemüsepflanzen benötigen Temperaturen von mindestens 15 °C, damit die Keimung induziert wird. Insofern eignen sich Standorte im Wohnbereich sehr gut für eine Aussaat. Auch in Frühbeetkästen sind ab Mitte April genügend hohe Temperaturen garantiert, und im warmen Kasten lässt die Verrottung der organischen Unterlage die Temperaturen schon zeitig steigen.

Das Pikieren

Bei Flächenssaaten ist es Zeit für das Pikieren, also Vereinzeln, wenn sich die ersten richtigen Blätter nach den Keimblättern gebildet haben. Die Sämlinge benötigen nun mehr Platz, um ihre Wurzeln auszubilden und zu kräftigen Jungpflanzen heranzuwachsen. Mithilfe eines Pikierstäbchens oder auch eines kleinen Hölzchens heben Sie die Sämlinge vorsichtig aus der Saatkiste und setzen sie entweder wieder in Kisten oder direkt einzeln in Töpfe. Dazu bohren Sie mit dem Pikierstäbchen Löcher, setzen die Pflanzen hinein und drücken sie sanft fest. Die Pflänzchen sollten übrigens so tief in die Erde kommen, dass die Keimblätter knapp über der Erde stehen. Auf diese Weise wird das Wurzelwachstum angeregt und die Pflanzen werden standfester und kompakter. Nach dem Pikieren wässern Sie die Pflanzen vorsichtig mit der Brause. Das Substrat, in das Sie pikieren, sollte leicht gedüngt sein, denn nun benötigen die Pflanzen auch Nährstoffe für eine weitere gute Entwicklung. Während des weiteren Wachstums geben Sie etwa alle 14 Tage etwas Dünger in das Gießwasser, verwenden Sie aber zunächst nur ein Viertel der auf der Packung angegebenen Menge. Sind die Pflanzen größer, steigern Sie auch die Düngermenge.

Beete in der Gartengestaltung

Vielfalt in Form und Größe

Ob ein Beet harmonisch und interessant wirkt, hängt neben der Pflanzenkomposition in erster Linie auch von der Platzierung und der Form im Zusammenspiel mit der gesamten Gartenanlage ab. Ebenso wie mit Gehölzhecken kann man einen Garten auch mit Beeten und Rabatten in einzelne Teilbereiche gliedern und ihn so interessanter gestalten. Dem Auge des Betrachters erschließt sich auf diese Weise nicht der ganze Garten sofort auf einen Blick, vielmehr gibt er seine Geheimnisse und Glanzpunkte erst beim aufmerksamen Durchschreiten nach und nach preis. Von verschiedenen Standorten ergeben sich so immer wieder neue Eindrücke.

Gartenzimmer gestalten

Ein rechteckiger oder quadratischer Garten mit schnurgeraden Beeten an allen Grenzen und einer Rasenfläche in der Mitte ist einfach nur langweilig. Ihm fehlt jeglicher Höhepunkt. Ist der Garten jedoch mithilfe von Hecken oder Pergolakonstruktionen in einzelne „Zimmer“ unterteilt, können auch darin befindliche lang gestreckte Beete immer wieder überraschend wirken. Bekannte englische Gärten wie Sissinghurst sind nach diesem Prinzip aufgebaut. Jedes „Gartenzimmer“ ist farblich ganz individuell gestaltet. Einfarbig gestaltete Rabatten spielen dabei ebenso eine Rolle wie solche mit fein abgestimmten Farbkombinationen. Immer wieder beeindruckend sind auch die lang gestreckten Rabatten, bei denen sämtliche Farben des Regenbogens ineinander übergehen, ohne dass es an irgendeiner Stelle zu Missklängen kommt. Eine Sonderform ist die so genannte doppelte Rabatte, bei der zwei spiegelgleiche Rabatten gegenüberliegen, die in der Regel durch einen Rasenweg getrennt sind.

Frei geformte Beete

Sehr viel zwangloser wirken frei geformte Beete. Beliebt sind zum Beispiel nierenförmige oder halbmondartige Beete, an denen sich wunderbar geschwungene Wege entlangführen

Höhenstaffelung im Prachtstaudenbeet

Flach angelegter Steingarten mit locker angeordneten Felsbrocken

lassen. Auch lang gestreckte Beete lassen sich auf diese Weise als dynamische Bänder gestalten. In der Natur kommen ganz überwiegend unregelmäßige und abgerundete Formen vor, daher wirken derart geformte Beete nie deplatziert.

Beete nicht nur zu ebener Erde

Viele Gärten weisen ein signifikantes Gefälle auf. Hier empfiehlt es sich, das Gelände zu terrassieren und die Terrassen mit Mauern oder Holzkonstruktionen abzustützen. Auf diese Weise erhält man höher gelegene Terrassenbeete, in denen Trockenheit vertragende Pflanzen hervorragend gedeihen. Besonders Stauden der Lebensräume Freifläche/Steppe und Steingarten finden hier ideale Bedingungen: Regenwasser kann rasch abfließen und auch im Winter besteht nicht Gefahr, dass es durch Staunässe zu Ausfällen kommt. Mauern fungieren zusätzlich als Wärmespeicher, was besonders mediterranen Stauden und Kräutern sehr entgegenkommt.

Steingärten am Hang

Eine andere Möglichkeit, Hänge und Böschungen zu gestalten, ist die Anlage eines Steingartens. Größere und kleinere Felsbrocken und Steine werden möglichst so platziert, dass sie den Hang sichern. Dabei sollten Sie aber auf jeden Fall darauf achten, dass die Verteilung unregelmäßig und spannungsreich geschieht. Zwischen den Steinen finden all die Polsterstauden und Zwerggehölze Platz, die ihren speziellen Reiz am besten entfalten, wenn man sie aus der Nähe „auf

Augenhöhe“ betrachten kann. Gleichartige Bedingungen finden die Pflanzen auch in Hochbeeten, sofern diese mit einer durchlässigen Substratmischung aufgefüllt werden. Denn nicht nur beim Anbau von Gemüse erleichtern Hochbeete die Arbeit besonders für ältere Menschen, auch erhöhte Blumenbeete lassen sich Rücken schonend pflegen. Duftpflanzen und Kräuter lassen sich in höher gelegenen Beeten viel besser „erschnuppern“!

Die dritte Dimension im Beet

Befindet sich das Beet vor einer Mauer oder einem Zaun, kann man auch Kletterpflanzen in die Planung integrieren. Ebenso verleihen Obelisken und andere frei stehende Rankgerüste einem Beet zusätzliche Blickfänge. Man kann sie mit Kletterrosen, Clematis oder einjährigen Kletterpflanzen beranken, ganz nach persönlichem Geschmack und Gesamtkonzept.

Gestaltungsregeln für traumhafte Staudenrabatten

Bei der Planung von klassischen Staudenrabatten sollten verschiedene Aspekte berücksichtigt werden, damit man eine ansprechende Pflanzung erhält. Die folgenden Grundregeln dienen als Hilfestellung, um die Planungen zu erleichtern.

Höhenstaffelung

In den klassischen Staudenrabatten werden die Stauden in ihrer Höhe gestaffelt gepflanzt. Das bedeutet, dass die niedrigen Arten und Sorten im Vordergrund wachsen, dahinter folgen mittelhohe, und im Hintergrund werden die „Riesen“ platziert. Besonders wirkungsvoll ist eine solche Höhenstaffelung, wenn sich die Rabatte vor einer Mauer oder einer Hecke befindet, vor der sich die Blütenfarben besonders gut abheben. So kommen zum Beispiel zarte Pastellfarben vor einer dunklen Eibenhecke

Doppelete Rabatte in kräftigen Farben, unterteilt durch einen Rasenweg

Weißer Rittersporn übernimmt in diesem Beet die Rolle der Leitstaude

oder einer roten Backsteinmauer am besten zur Geltung, während leuchtende Rot-Töne gut mit einer hellgelb gestrichenen Wand oder einer grau verwitterten Mauer korrespondieren.

Inselbeete

Für Beete, die mitten im Rasen angelegt werden oder von zwei Seiten zugänglich sind, gelten im Prinzip die gleichen Regeln. Nur pflanzt man hierbei die höchsten Stauden in die Mitte und die niedrigeren zu den Rändern hin. Neben dem ästhetischen Aspekt hat die Höhenstaffelung im Beet auch den Vorteil, dass alle Pflanzen genügend Licht erhalten und nicht „innen" stehende niedrige Exemplare von den höheren zu sehr beschattet werden. Einzige Ausnahme der Regel: Im Frühling blühende Zwiebelblumen, die in die Rabatte integriert werden, sollten in den mittleren Bereich gepflanzt werden. Zu ihrem Blütezeitpunkt sind die frisch austreibenden Stauden noch niedrig, und später wird ihr einziehendes Laub besser von den Stauden verdeckt.

Aufbau einer harmonischen Pflanzung

Damit das Beet harmonisch, aber trotzdem nicht langweilig wirkt, pflanzt man die Stauden am besten in größeren und kleineren Gruppen, die sich rhythmisch wiederholen. Besonders ausdrucksvolle, hohe Pflanzengestal-

! **Um eine bessere Vorstellung zu erhalten, ist die Erstellung eines grobe Pflanzplanes eine gute Hilfe. Tragen Sie auf einem Blatt Papier ein Raster ein und experimentieren Sie ein weni mit Formen und Farben herum, damit Sie ein Gefühl für passende Kombinationen erhalten. Danach können Sie sich die passenden Stauden anhand von Katalogen heraussuchen und die Rasterung im Großformat auf das rea Beet übertragen. Als Anregung finden Sie aber auch in diesem Buch einige Pflanzpläne.**

ten können auch einzeln gepflanzt werden. Sie werden als Solitärstauden bezeichnet und prägen die Wirkung eines Beetes ganz wesentlich. Durch ihre Höhe ist ihr Platz im hinteren Bereich. Zu den bekanntesten Solitärstauden gehören zum Beispiel besonders hohe Sorten des Rittersporns (*Delphinium*), Chinaschilf (*Miscanthus*) und Fallschirm-Sonnenhut (*Rudbeckia nitida*). Beim Pflanzen sollte man darauf achten, dass man ihnen genügend Platz für die Entfaltung lässt, damit sie sich ihrem Habitus gemäß entwickeln können.

Leitstauden und Füllpflanzen

Eine besonders wichtige Rolle in der Rabatte spielen die Leitstauden. Sie sind für das optische Gerüst der Pflanzung zuständig und zeichnen sich durch ihre markante Gestalt und meist auch durch eine lange Blütezeit aus. Unentbehrliche Leitstauden sind beispielsweise Sonnenbraut (*Helenium*), Staudensonnenblumen (*Helianthus*), Pfingstrosen (*Paeonia*) und Rittersporn (*Delphinium*), für den Herbstaspekt sind auch hohe Astern (*Aster novae-angliae* und *Aster novi-belgii*) sehr wichtig.

Die hohen Leitstauden werden umspielt und ergänzt von den so genannten Begleitstauden. Sie sind niedriger und sollten auf die Leitstauden abgestimmt werden, was Blütezeit, Blütenfarbe und Wuchsform anbetrifft. Während durch die Leitstauden der vertikale Aspekt in der Rabatte betont wird, setzen sie vertikale Kontrapunkte, sodass ein spannungsreiches Zusammenspiel entsteht.

Damit die gesamte Pflanzung dicht und geschlossen wirkt, werden zum Schluss noch die Füllpflanzen eingesetzt. Sie sind von luftigem Habitus und bleiben optisch im Hintergrund, erfüllen dabei aber eine wichtige vermittelnde Funktion. Viele Gräser gehören in diese Kategorie, ebenso solch filigrane Gestalten wie Schleierkraut (*Gypsophila*), Frauenmantel (*Alchemilla*) und Lichtnelke (*Lychnis coronaria*).

Pflanzenbedarf/m²

Hohe Stauden	Garten-Rittersporn (*Delphinium*-Hybriden) Sonnenbraut (*Helenium*-Hybriden) Juli-Silberkerze (*Cimicifuga racemosa*) Geißbart (Aruncus dioicus)	1–3
Mittelhohe Stauden	Frauenmantel (*Alchemilla mollis*) Astilbe (*Astilbe* x *arendsii*) Storchschnabel (*Geranium* x *magnificum*)	4–6
Niedrige Stauden	Kissen-Aster (*Aster-Dumosus*-Hybriden) Lungenkraut (*Pulmonaria angustifolia*) Schaumblüte (*Tiarella cordifolia*)	7–9

Sinnvolle Gruppierung

Bis auf die Solitärstauden werden alle Stauden in größeren oder kleineren Gruppen gepflanzt. Dabei gilt die Faustregel: Je höher die Stauden, desto weniger Exemplare werden zusammen gruppiert. Hohe Leitstauden pflanzt man meist in Dreier- oder

In geschwungenen Bändern gepflanzte Staudengruppen sorgen für einen harmonischen Gesamteindruck

Fünfergruppen, besonders breitwüchsige Arten wie Pfingstrosen können auch einzeln gesetzt werden. Niedrigere Begleit- und Füllstauden sollte man mindestens in Fünfergruppen zusammenfassen, meist wirken noch größere Gruppen aber schöner. Wichtig ist es auf jeden Fall, dass die Gruppen nicht in starren Reihen aneinander gesetzt werden, sondern lockere, ineinander greifende Bänder bilden. Durch leicht unregelmäßige Wiederholungen der Gruppen entsteht ein dynamischer Gesamteindruck.

Zwiebel- und Knollenpflanzen mit Stauden kombiniert

Zwiebel- und Knollenpflanzen fügen sich hervorragend in klassische Staudenrabatten, aber auch in Steppenpflanzungen oder Staudenbeete im Gehölzrandbereich ein. Sie werden bei der Planung genau wie Stauden nach Blütenfarben, Blütezeit und Wuchseigenschaften ausgewählt, um eine abwechslungsreiche Pflanzung zu erhalten. So lassen sich zum Beispiel hohe Laucharten (*Allium*) und Steppenkerzen (*Eremurus*) gut als vertikale Hingucker in einer ansonsten flächigen Steppenpflanzung einsetzen.

Sommerblumen mit Stauden kombiniert

Viele Stauden benötigen ein paar Jahre, bis sie zu ihrer endgültigen Größe herangewachsen sind. Das heißt aber auch, dass man sie nicht zu dicht pflanzen darf, da sie sonst am Ende viel zu eng stünden und in ihrer Entwicklung gehemmt würden. Um schon von Beginn an einen geschlossenen Eindruck zu erhalten, ist es sinnvoll, die noch bestehenden Lücken mit Ein- und Zweijährigen zu füllen. Im ersten Sommer nach der Pflanzung wird man eine höhere Anzahl an Sommerblumen benötigen als in den Jahren danach. Wichtig ist, dass die Sommerblumen zwar die Lücken gut schließen, trotzdem sollten sie die noch jungen Stauden nicht bedrängen. Daher eignen sich entweder relativ niedrige Arten und Sorten oder solche, die sich durch eine lockere, luftige Wuchsform auszeichnen. Damit die Farbkomposition durch die Sommerblumen nicht durcheinander gerät, sollte man beim Kauf von Saatgut in jedem Fall auf Namenssorten oder farblich sortierte Auslesen zurückgreifen. Eine weitere Möglichkeit bietet die frühe Anzucht unter Glas, damit die Pflanzen bereits zum Sommeranfang blühen und man so keine Überraschungen erlebt, wenn sie bereits im Beet stehen.

Beetkompositionen aus Sommerblumen

In der Einleitung wurde ja bereits erwähnt, dass reine Sommerblumenbeete eine längere Tradition haben als Staudenpflanzungen. Da sie jeweils für nur eine Saison konzipiert werden, unterliegen sie Modeströmungen viel stärker als die langlebigeren Stauden oder Gehölze. Dominierten in den viktorianischen Pflanzungen „Teppichmuster" in starken, kontrastierenden Farben, überwogen später zarte Farben und luftige Formen. In den letzten Jahrzehnten wiederum waren besonders im öffentlichen Grün flächige Pflanzungen mit kontrastreichen Kombinationen ge-

Kühle und warme Farbkombinationen

Saatgutmischung für Direktsaat

Einjährige für durchlässigen, eher mageren Boden, Aussaat ab März

Botanischer Name	Deutscher Name	Blütenfarbe
Agastache rugosa	Duftnessel	Blauviolett, Weiß
Clarkia amoena	Sommerazalee	Hellrosa
Clarkia bottae	Atlasblume	Rosa, Lla
Clarkia pulchella	Mandelröschen	Rosa, Weiß
Cleome marshallii	Spinnenblume	Weiß, Rosa
Cleome serrulata	Prärie-Spinnenblume	Rosa
Cuphea viscosissima	Klebrige Köcherblüme	Dunkelviolett
Eschscholzia californica	Kalifornischer Mohn	pastellfarbige Mischung
Hordeum jubatum	Mähnengerste	Hellgrün
Machaeranthera tanacetifolia	Dolchaster	Violettblau
Monarda punctata	Monarde	Rosa
Orlaya grandflora	Strahlen-Breitsame	Weiß
Ratibida columnifera	Kegekblume	Braunrot
Verbena bonariensis	Steifes Eisenkraut	Violett

Einjährige für mäßig frischen bis frischen Boden, Aussaat ab April

Botanischer Name	Deutscher Name	Blütenfarbe
Agastache rugosa	Duftnessel	Blauviolett
Coreopsis basalis	Geäugtes Mädchenauge	Gelb mit Braun
Coreopsis tinctoria	Färber-Mädchenauge	Gelb, Samtbraun
Cosmos sulphureus	Gelbes Schmuckkörbchen	Gelb, Orange
Gaillardia pulchella	Kokardenblume	Gelb mit Rot
Panicum capillare	Haar-Hirse	Apfelgrün
Rudbeckia hirta	Rauer Sonnenhut	Gelb, Rotbraun
Tagetes teniufolia	Feinblättrige Studentenblume	Goldgelb
Verbena bonariensis	Steifes Eisenkraut	Violett
Verbena hastata	Lanzen-Eisenkraut	Violett, Weiß
Zinnia peruviana	Kleinblütige Zinnie	Rot, Gelb, Weiß

fragt, die sich durch eine gute Fernwirkung auszeichneten. Seit einigen Jahren zeichnet sich allerdings wieder ein Wandel ab. Sicherlich kann man über Geschmack streiten, aber wie mit Zirkel und Lineal ausgerichtete kopflastige Tagetes mit Riesenblüten, im Schachbrettmuster vereint mit Eisbegonien, kann man auch mit viel gutem Willen nicht wirklich schön finden. Es gibt inzwischen aber auch sehr schöne Beispiele für harmonische Kombinationen, und nie war das Angebot an interessanten Arten und Sorten so groß wie zurzeit. Auch von altbekannten Arten werden ständig Sorten in wunderschönen neuen Farbtönen gezüchtet, und der Wettbewerb „Wer hat die größte und am stärksten gefüllte Blüte" scheint zum Glück auch beendet zu sein. Gerade in öffentlichen Parks und botanischen Gärten kann man sehr gelungene Beispiele sehen, die auch wertvolle Anregungen für den eigenen Garten geben. Saatgutfirmen haben sich auf Gartenbesitzer mit wenig Erfahrung eingestellt und bieten fertige Saatgutmischungen von Sommerblumen an, die sowohl im Aussehen als auch von ihren Ansprüchen her perfekt miteinander harmonieren.

Blumenwiesen gestalten

Auf ganz andere Art werden Stauden kombiniert, wenn die Pflanzung einer natürlichen Blumenwiese nachempfunden werden soll. Dabei wird auf sehr hohe und dominante Arten und Sorten verzichtet. Alle verwendeten Pflanzen haben eine ähnliche Höhe und stehen mehr oder weniger gleichberechtigt nebeneinander. Ein Wiesenbeet ist aber trotzdem keine Blumenwiese und wird auch nicht wie diese im Sommer gemäht, sondern benötigt wie auch die Rabatte regelmäßige Pflege. Allerdings brauchen Sie nicht in gleichem Maße regulierend eingreifen, Stauden teilen und neu pflanzen oder hohe Exemplare stützen. Verwenden Sie möglichst Wildformen oder Züchtungen, die den Wildformen in ihrem Habitus noch nahe stehen, also ungefüllte, eher kleine Blüten besitzen. Wenn man eine Wiese in der Natur betrachtet, fällt auf, dass die einzelnen Arten meist in kleinen oder größeren Beständen zusammenwachsen, also quasi Inseln bilden, die unregelmäßig verteilt sind. Auch bei der Planung eines Wiesenbeetes sollte man solche Gruppierungen vornehmen, wobei die einzelnen Gruppen sanft ineinander übergehen sollten. Am besten ist es, wenn man bei der Auswahl der Pflanzen darauf achtet, dass alle in etwa eine gleich starke Vitalität besitzen, damit nicht einige wenige nach kurzer Zeit dominieren.

Wertvolle Bodendecker

Auch mit Bodendeckern lassen sich ansprechende Beete gestalten. Besonders im Schatten, unter Bäumen und Sträuchern, können einige wichtige Arten ihre spezifischen Stärken ausspielen. Oft begeistern Boden deckende Pflanzen durch attraktives Laub, das einen geschlossenen Teppich bildet und so dem Unkraut kaum eine Chance lässt. Viele von ihnen blühen bereits im Frühjahr, geben gute Partner für Zwiebelblumen ab und liefern später im Jahr den passenden grünen Teppich für kleine Gruppen von höheren Blütenstauden.

Die Farbgestaltung

Farbe ist das Gestaltungselement, das bei der Betrachtung einer Pflanzung als Erstes wahrgenommen wird. Farben und Farbkombinationen erzeugen spontane Stimmungen beim Betrachter. Neben der grundsätzlichen Wirkung einzelner Farben können sich Farben bei der Kombination miteinander auch gegenseitig beeinflussen, also steigern oder dämpfen.

So wirken die einzelnen Farben

Weiß wirkt elegant und strahlend und harmoniert mit allen anderen Farben. Monochrome weiße Pflanzungen können durch die verschiedenen Nuancen sehr subtil und luftig wirken, benötigen aber auch ein Gegengewicht, zum Beispiel durch das Grün der Blätter, um nicht zu verschwommen und konturenlos zu erscheinen. Weiß kann immer gut als trennendes Element zwischen Farben verwendet werden, die in direkter Nachbarschaft nicht gut miteinander harmonieren.

Gelb wirkt je nach Farbton warm oder kühl. Gelbtöne mit Grünanteil

Diesem rein weißen Beet verleiht der grüne Gehölzhintergrund die nötige Struktur

wirken eher kalt, solche mit Orangeanteil dagegen warm. Kühle Gelbtöne vermitteln Frühjahrsstimmung, während ins Orange tendierende Gelbtöne dem Spätsommer zugeordnet werden.

Orange wirkt warm, manchmal auch feurig. Es ist eine kraftvolle, dominierende Farbe, die leicht alle anderen Farben übertönt und daher mit Fingerspitzengefühl verwendet werden sollte.

Rot wirkt je nach Grundton sehr unterschiedlich. Leuchtendes, ins Orange tendierendes Rot wirkt grell und strahlend. Es zieht sofort die Aufmerksamkeit auf sich. Rot, das einen

Verschiede Violetttöne in gekonnter Zusammenstellung

Blauanteil in sich trägt, hat hingegen eine ganz andere Ausstrahlung. Es wirkt kühl, manchmal sogar kalt. Beide Arten von Rot sollten nicht miteinander kombiniert werden, sie „beißen" sich geradezu.

Rosa ist eine verbindende Farbe. Mit Rosa verbindet man Süße, Romantik, Duftigkeit. Doch ebenso wie bei Weiß muss man darauf achten, dass genügend spannende Strukturen in der Pflanzung vorhanden sind, damit sie nicht konturenlos wirkt.

Reines **Blau** ist eine kühle Farbe, die für Frische und Entspannung steht. Sowohl das Meer als auch der Himmel sind blau, und beide stehen für Ewigkeit und Ruhe. Auch beim Blau gibt es Abstufungen hin zu violetten Tönen, die wärmer wirken als reines Blau. Am kältesten wirken Türkis-Töne.

Grün ist eine beruhigende Farbe. Sie verbindet und vermittelt wie Weiß zwischen allen anderen Farben, stellt sich dabei aber nie selbst in den Vordergrund.

Harmonische oder spannungsreiche Farbkombinationen

Je nach Zusammenstellung einzelner Farben wirken Pflanzungen harmonisch oder spannungsreich. Mithilfe des Farbkreises lassen sich Farbkombinationen herausfinden, die die gewünschte Wirkung entfalten. Im Farbkreis zeigt die Palette die 12 reinen Farben. Die Farben, die sich im Farbkreis gegenüber stehen, werden Komplementärfarben genannt und ergeben einen spannungsreichen Kontrast. Komplementärfarben sind zum Beispiel:

- Gelb und Violett
- Rot und Grün
- Orange und Blau

Farben, die auf dem Farbkreis nebeneinander stehen, wirken zusammen harmonisch. Sie haben relativ viele gemeinsame Farbpigmente, während Komplementärfarben keine gemeinsamen Farbpigmente aufweisen.
Alle Farbtöne können zudem noch unterschiedlich durch Weiß aufgehellt sein und verändern dadurch ihren Charakter erheblich. Farbkräftiges Violett verändert sich durch einen hohen Weißanteil zu einem pudrigen Lila. Beim Spiel mit Farbe haben Sie also drei verschiedene Möglichkeiten, an eine Pflanzplanung heranzugehen:

Orange und Violett ergeben eine aufregende Farbkombination

Pflanzungen mit kontrastierenden Farben

Dazu verwenden Sie Farben, die sich auf dem Farbkreis mehr oder weniger gegenüber stehen. Statt der Komplementärfarben Orange und Blau können Sie auch Gelb und Blau oder Rot und Blau kombinieren. Kritisch wird es allerdings bei der Kombination von Violett und Orange, obwohl es auch gelungene Zusammenstellungen dieser beiden Farben gibt. Sie sind aber gewöhnungsbedürftig und erfordern viel Fingerspitzengefühl bei der Planung.
Interessant sind auch kontrastierende Dreiklänge, beispielsweise Rot-Weiß-Blau oder Rot-Gelb-Blau.

Pflanzungen mit benachbarten Farben

Farbkombinationen aus Farben, die auf dem Farbkreis direkt nebeneinander stehen sind auch für jemand, der sich bei Farbverwendung noch nicht allzu sicher fühlt, relativ einfach zu planen. Zusammenstellungen der Farben Gelb, Orange und Rot wirken immer harmonisch, solange in den Rottönen keine Blauanteile enthalten sind. Fast schon klassisch ist die Zusammenstellung von Purpur, Violett

Rosatöne, kombiniert mit Weiß in einer Pflanzung mit Wiesencharakter

und Blau. Sie ist der Inbegriff der Farbpalette für einen romantischen Garten. Bei entsprechenden Weißanteilen hellt sich diese Kombination zu Rosa, Lila und Hellblau auf.

Monochrome Pflanzungen

Verwendet man nur eine einzelne Farbe in verschiedenen Nuancen und Helligkeitsabstufungen, spricht man von monochromen Pflanzungen. Sie wirken sehr harmonisch, können aber auch langweilig werden, wenn nicht auf belebende horizontale und vertikale Strukturen geachtet wird. Auch die verschiedenen Laubfarben und -formen tragen zur Belebung einer monochromen Pflanzung bei.

Struktur und Form

Neben der Farbe spielen bei der Beetgestaltung vor allem Wuchsform und Habitus der Pflanzen eine wesentliche Rolle. Bei der Wuchsform kann man eine grobe Unterteilung in die folgenden sechs Kategorien vornehmen:

Aufrechte Pflanzen

Zu dieser Gruppe gehören zahlreiche hohe Pflanzen wie Rittersporn (*Delphinium*-Hybriden), Federmohn (*Macleaya cordata*) oder auch Königskerzen (*Verbascum*). Sie zeichnen sich durch straffe, gerade Triebe aus und setzen markante vertikale Akzente im Beet. Am besten verwendet man sie in kleineren Gruppen als Gegengewicht zu breitwüchsigen Pflanzen. Auch niedrigere Pflanzen wie Bart-Iris (*Iris barbata*), Fackellilien (*Kniphofia*-Hybriden) oder Montbretien (*Crocosmia* x *crocosmiiflora*) gehören in diese Kategorie. Bei ihnen fällt besonders das spitze, senkrecht wachsende Laub ins Auge.

Horstartig wachsende Pflanzen

Diese Pflanzengruppe zeichnet sich durch einen geschlossenen Habitus aus. Am besten verwendet man sie in größeren Gruppen. Für den Gesamteindruck ist bei ihnen die Blütenform entscheidend. Abgeflachte bis tellerförmige Blütenstände wie bei Garben (*Achillea*) oder Fetthennen (*Sedum telephium*) lassen sich als prägnantes

Goldfelberich dominiert durch seine kerzenartigen Blütenstände

Gegengewicht zu aufrechten Pflanzengestalten verwenden, während rundliche oder kerzenartige Blütenstände vermittelnd wirken.

Bogig übergeneigte Pflanzen:

Zu dieser Gruppe gehören Großgräser wie Chinaschilf (*Miscanthus sinensis*), aber auch Ziersträucher und viele Rosen, die in einer gemischten Rabatte verwendet werden. Um gut zur Wirkung zu kommen, sollten sie einzeln verwendet werden und benötigen niedrigere Pflanzen in direkter Nachbarschaft.

Sparrige Pflanzen

Vertreter dieser Gruppen werden häufig auch als Schleierpflanzen bezeichnet. Sie sind die typischen Füllstauden im Beet, die zwischen den markanteren Vertretern vermitteln und Lücken schnell überwachsen. Ihre Wuchsform ist locker und offen, die Blüten sind immer klein, dafür aber zahlreich. In dieser Gruppe finden sich niedrige Pflanzen wie Meerlavendel (*Limonium latifolium*) oder Knautie (*Knautia macedonica*), aber auch Riesen wie den bis zwei Meter hohen Meerkohl (*Crambe cordifolia*), der eine wertvolle Staude für den Hintergrund abgibt.

Polsterpflanzen

Sie zeichnen sich durch eine rundliche gedrungene Wuchsform aus und sind die idealen Pflanzen für den vorderen Beetrand. Durch ihren weichen

Habitus überspielen sie die Übergänge zwischen Beet und Rasen oder Weg.
Zu den wichtigsten Vertretern dieser Gruppe gehören Frauenmantel (*Alchemilla mollis*), Storchschnabel (*Geranium*) und Kissenaster (*Aster dumosus*). Auch zahlreiche Halbsträucher wie Lavendel (*Lavandula angustifolia*) oder Heiligenkraut (*Santolina chamaecyparissus*) zeichnen sich durch polsterförmigen Wuchs aus.

Bodendecker

Noch flacher und ausgebreiteter wachsen Boden deckende Pflanzen. Mit ihren kriechenden Trieben bilden sie schnell dichte Teppiche. Auch sie können im Vordergrund des Beetes verwendet werden und schaffen auf diese Weise weiche Übergänge besonders in Verbindung mit Stein- oder Klinkerbelägen. Eine hübsche silberlaubige Staude mit kriechendem Wuchs ist zum Beispiel der Wollziest (*Stachys byzanthina*), der besonders für trockenere Standorte geeignet ist. Viele Bodendecker sind recht ausbreitungsfreudig und sollten daher nicht neben schwachwüchsige Pflanzen gesetzt werden, die sie allzu leicht überwuchern.
Auch für schattige Standorte steht eine große Anzahl dauerhafter Bodendecker zur Verfügung, beispielsweise Immergrün (*Vinca minor*), gefleckte Taubnessel (*Lamium maculatum*) oder Günsel (*Ajuga reptans*).

Gruppen aus Salomonssiegel wachsen zwischen Bodendeckern hindurch

Laubschmuck

Obwohl bei der Auswahl der Beetpflanzen sicherlich vor allem Blütenfarben die Hauptrolle spielen, sollte auch der Beitrag von Laubfarben und -strukturen nicht unterschätzt werden. Das Laub ist während der ganzen Vegetationsperiode sichtbar, während bei den meisten Pflanzen die Blütezeit nur einen begrenzten Zeitraum abdeckt.

Die Blattfärbung

Allein die in der Natur vorkommenden Grün-Töne sind zahllos, vom tief dunklen Grün etwa einer Eibenhecke bis zum zarten Hellgrün frisch austreibender Farne oder Funkien. Das Blattgrün vieler Pflanzen verändert

Pflanzen mit silbrigem Laub sorgen für mediterrane Stimmung

sich auch im Laufe des Jahres. Meist wird es mit der Zeit dunkler. Ein hoher Anteil Grün im Beet wirkt vermittelnd, auch zwischen problematischen Blütenfarben, die sonst disharmonisch aufeinander treffen würden.

Gelblaubige Pflanzen lassen eine Rabatte hell und freundlich erscheinen. Besonders schattige Partien lassen sich durch gelbes oder auch gelbgrünes Laub aufhellen. Unter den Funkien (*Hosta*) finden sich besonders viele Sorten mit gelblichem Laub, mit denen man interessante Kombinationen gestalten kann.

Blaues Laub findet sich bei einigen Gräsern, deren Farbe man vielleicht besser als graublau oder stahlblau bezeichnen könnte. Auch bei verschiedenen Polsterpflanzen tendiert das meist feine Laub ins Bläuliche. Diese Pflanzen benötigen volle Sonne und eher trockenen Boden. Im Gegensatz dazu haben einige Funkien, zum Beispiel *Hosta sieboldiana*, sehr große grünblaue Blätter, die wie mit einer Wachsschicht überzogen aussehen. Sie gedeihen am besten in kühlem Schatten. Am besten harmoniert blaues Laub mit Blüten in zarten Farben wie Rosa, Hellblau oder Cremegelb.

Graues und silberfarbenes Laub entsteht durch feine Behaarung. Die meisten Pflanzen mit diesem Merkmal stammen aus südlichen Ländern und schützen sich auf diese Weise vor starker Sonne. Alle Silberlaubigen benötigen einen vollsonnigen Standort und sind empfindlich gegen Nässe, während sie auch längere Trockenzeiten unbeschadet überstehen. In diese Gruppe gehören so beliebte Pflanzen wie Lavendel (*Lavandula*), Sonnenröschen (*Helianthemum*-Hybriden), aber auch viele aromatische Kräuter. Graues Laub vermittelt sehr gut zwischen kontrastierenden Blütenfarben.

Rotes und purpurfarbenes Laub ist am schwierigsten zu kombinieren. In größeren Mengen wirkt es leicht düster, besonders wenn noch dunkle Blütenfarben dazu kommen. Am besten kombiniert man es mit gelben, orangenen und leuchtend roten Blütenfarben, wobei das Rot möglichst keinen Blauanteil haben, sondern ins Orange tendieren sollte. Es gibt einige gelungene Beispiele, berühmt ist etwa die rote Rabatte von Hidcote Manor, in der rotlaubige Stauden und Dahlien mit weiteren Stauden in glühenden Blütenfarben, vielen Gräsern und dunkellaubigen Gehölzen kombiniert wurden.

Panaschiertes Laub bedeutet, dass die Blätter in der Regel weiß, cremefarbig oder gelb gerandet, gestreift oder gefleckt sind. Mit panaschiertem Laub kann man sehr schöne Effekte erzielen, sofern man es sparsam einsetzt. Auch sollte man sich dabei auf einen Farbton beschränken oder zumindest gelbe und weiße Panaschierungen deutlich durch einfarbig grünes Laub trennen. Klar abgegrenzte helle Blattränder, wie sie zum Beispiel bei Funkien häufig anzutreffen sind, wirken auch auf größere Entfernung, während bei zierlichem Laub eher der Eindruck entsteht, das Laub sei insgesamt sehr hell. Helle verwaschene Flecken wie auf einigen Lungenkräutern (*Pulmonaria*) oder Taubnesseln (*Lamium*) wirken aber auch schön, wenn sie ausschließlich und in großer Zahl gepflanzt werden.

Blatt-Texturen

Neben den Blattfarben haben die Texturen einen entscheidenden Einfluss auf die Gesamtwirkung von Pflanzen.

Allein durch verschiedene Grüntöne und Laubformen wirkt diese Schattenpflazung attraktiv

Großes ungeteiltes Laub wirkt dominant und kräftig, während fein gefiedertes Laub der Pflanze ein graziles und luftiges Aussehen verleiht. Glattes Laub wiederum wirkt völlig anders als stark behaartes oder runzeliges. Schon wenige Pflanzen mit markantem großflächigem Laub zwischen fein texturierten Gestalten verleihen einer Rabatte Spannung.

Rosen im Beet

Wurden Rosen früher meist in uniformen Gruppen gepflanzt, versucht man heute, sie mit Stauden und Gehölzen zu kombinieren. Dies hat auch zu einer Veränderung des Angebots im Sortiment geführt. Steifwüchsige Edelrosen und kniehohe Beetrosen in knalligen Farben sind nicht mehr so stark gefragt, stattdessen sind zahlreiche neue Sorten, die der Klasse der so genannten Kleinstrauchrosen angehören, auf den Markt gekommen. Es handelt sich dabei allerdings um keine homogene Gruppe, sondern um Rosen mit sehr unterschiedlichen Wuchseigenschaften. Der Wuchs kann relativ aufrecht, überhängend oder sogar fast niederliegend sein. Die letztgenannte Gruppe wird aber eher zur flächigeren Pflanzung verwendet, vor allem im öffentlichen Grün. Die anderen beiden Formen eignen sich hingegen hervorragend zur Kombination mit Stauden. Als Übergang zu den „richtigen“ Strauchrosen gilt eine Höhe von ca. 1 - 1,20 m. Aber auch die höheren Strauchrosen lassen sich sehr gut mit Beetstauden kombinieren, wobei man sie am besten in den Hintergrund pflanzt.

Kontrastreich oder Ton in Ton?

Überlegen Sie sich vor der konkreten Planung, welche farblichen Vorlieben Sie haben. Möchten Sie lieber ein Beet in starken kontrastreichen Farben oder liegt Ihnen mehr ein subtiles Farbspiel Ton in Ton? Zu roten Rosen können Sie zum Beispiel Stauden in reinen Blautönen kombinieren oder auch einen klassischen Tricolore-Dreiklang mit weißen und blauen Blütenfarben erzeugen. Oder Sie nehmen gelb statt blau blühende Stauden und erhalten eine sonnige, aber auch frische Farbwirkung. Eine Aufsehen erregende Wirkung können Sie erzielen, wenn Sie rote, orange und gelbe Farbtöne miteinander kombinieren. Ein Beet mit feurigem Charakter!
Ein absoluter Klassiker ist die Verbindung rosa blühender Rosen mit Stauden in hellblauen und violetten Farbtönen. Rittersporne und Glockenblumen sind hier die Kandidaten erster Wahl. Aber auch Staudenclematis (*C. integrifolia* und *C. x durandii*) fügen sich wunderbar ein. Statt rosa blühender Rosen können Sie auch Sorten in zartgelben, cremefarbenen oder lachsrosa Tönen verwenden. Die zarten Farben werden immer mitei-

nander harmonieren. Da moderne Rosen bis in den Herbst hinein blühen, sollten Sie auf jeden Fall auch Stauden berücksichtigen, die im Spätsommer und Herbst blühen. Hier bieten sich die Astern an, von den niedrigen Kissenastern über zahlreiche halbhohe Wildarten bis hin zu den hohen Herbstastern. Ihre Blüten decken alle Farben von Weiß bis zu kräftigen Rosa- und Lilatönen ab.

Weiterhin kann man sehr schöne Kombinationen mit einjährigen Sommerblumen erzielen. Gerade bei Sommerblumen können Sie Ihrer „Experimentierwut" freien Lauf lassen; was nicht gefällt, wird im nächsten Jahr durch etwas anderes ersetzt.

Kräftige Strauchrosen, insbesondere einmal blühende Wild- und Parkrosen, lassen sich hervorragend mit Kletter- und Schlingpflanzen kombinieren. Sehr schön ist zum Beispiel die Kombination mit Waldreben (*Clematis*). Wählen Sie dafür aber schwachwüchsige Arten und Sorten aus, die die Rosen nicht zu sehr überwuchern, also etwa *Clematis viticella*, *C. texensis* oder auch *C. fusca*, deren Fruchtstände eine zusätzliche Zierde darstellen. Durch die spätere Blütezeit der Clematis erhalten die Rosen auf diese Weise eine „zweite Blüte".

Doch auch mit einjährigen und staudigen Kletterpflanzen lässt es sich gut experimentieren. Schwarzäugige Susanne (*Thunbergia alata*) und Sternwinde (*Ipomoea lobata*) harmonieren mit ihren leuchtend gelb-orangenen Blüten am besten mit Rosen in feurigen Rottönen, während sich Staudenwicke (*Lathyrus latifolius*) und Taubenkopf (*Cucubalus baccifer*) hervorragend in romantisch pastellfarbige Pflanzungen einfügen.

Bei allen Kombinationen sollte man unbedingt auf eines achten: Rosen wollen von ihren Nachbarn nicht bedrängt werden, daher sollten Sie die Abstände zu ihnen großzügig wählen.

Eine elegante Kombination sind Rosen und Ziest (oben), kräftig kontrastieren Katzenminze, Rosen und Gräser (unten)

Gestaltungsideen
für jeden Garten

Prachtstaudenbeete für sonnige Standorte

Die Auswahl an üppig blühenden Beetstauden ist riesengroß. Durch intensive Züchtungsarbeit stehen Arten und Sorten fast aller Farbschattierungen zur Verfügung. Moderne Sorten zeichnen sich darüber hinaus durch lange Blütezeit, geschlossenen Wuchs und gute Krankheitsresistenz aus. Letztendlich entscheidet der persönliche Geschmack darüber, welche Farbtöne man miteinander kombiniert, ob man sich für eine Pflanzung in sanften romantischen Tönen entscheidet oder ob man Stauden in zwei Komplementärfarben zusammenpflanzt, die sich gegenseitig zum Leuchten bringen. Eine Besonderheit bilden Beete, in denen nur eine Farbe, dafür aber in verschiedenen Schattierungen, verwendet wird. Der berühmte weiße Garten von Sissinghurst ist ein typisches Beispiel für eine solche einfarbige Gestaltung. Wichtig ist dabei, dass man Laubstrukturen und -farben gezielt in die Gestaltung mit einbezieht, um der Pflanzung eine räumliche Tiefe zu geben.

EINE RABATTE IN KÜHLEN FARBEN

Helle, reine Gelbtöne erinnern an die frische Kühle eines Frühsommermorgens. Diese Wirkung wird noch gesteigert durch die Kombination mit Blau und Weiß. Eine Beetkomposition aus diesem Farbdreiklang wirkt nie aufdringlich. Für den hinteren Bereich im Beet bieten sich hohe, aber

Kühl-romantische Farbkombination, in der unterschiedliche Lilatöne domonieren

Eine Rabatte in kühlen Farben

1 Meerkohl (*Crambe cordifolia*)
2 Riesen-Schuppenkopf (*Cephalaria gigentea*)
3 Edel-Pfingstrose (*Paeonia lactiflora* 'Friesenblut')
4 Amsonie (*Amsonia tabernaemontana*)
5 Hoher Ziest (*Stachys grandiflora* 'Superba')
6 Goldgarbe (*Achillea filipendulina* 'Parker's Variety')
7 Rittersporn (*Delphinium* 'Galahad')
8 Gelbe Wiesenraute (*Thalictrum flavum* ssp. *glaucum*)
9 Silber-Garbe (*Achillea*-Hybride 'Moonshine')
10 Middendorfs Taglilie (*Hemerocallis middendorffii*)
11 Bergflockenblume (*Centaurea montana*)
12 Rittersporn (*Delphinium* 'Piccolo')
13 Hoher Staudenphlox (*Phlox paniculata* 'Pax')
14 Katzenpfötchen (*Anaphalis triplinervis*)
15 Frauenmantel (*Alchemilla mollis*)
16 Mutterkraut (*Tanacetum parthenium* 'Schneekrone')
17 Staudensalbei (*Salvia nemorosa* 'Blauhügel')

nicht dominante Stauden an. Mit seinen unzähligen weißen Blüten schwebt der Meerkohl, auch Riesenschleierkraut (*Crambe cordifolia*) genannt, wie eine Wolke im Hintergrund. Besonders vor einer Hecke oder dunklen Gehölzen kommt seine filigrane Erscheinung wirkungsvoll zur Geltung. Ein weiterer Kandidat für den schwerelosen Hintergrund ist der Riesen-Schuppenkopf (*Cephalaria gigantea*) mit hellgelben Skabiosen-Blüten, die in luftiger Höhe auf drahtigen Stängeln schweben. Mit derselben Blütenfarbe wartet die Gelbe Wiesenraute auf, deren zierliches blaugrünes Laub eine schöne Ergänzung bildet. Schon etwas kräftiger sind die Gelbnuancen der Garben (*Achillea*), die mit ihren flachen Blütendolden markante vertikale Akzente setzen. Die meisten Wildformen der Taglilie blühen gelb. Ihre Blüten sind eher klein und trichterförmig, und das frischgrüne riemenförmige Laub ist auch außerhalb der Blütezeit eine Zierde.

Träume in Blau

Das reinste Blau findet man bei den Rittersporen (*Delphinium*-Hybriden), die daher auf keinen Fall fehlen dürfen. Einzeln oder in kleinen Gruppen stehen sie abhängig von Sorte und Wuchshöhe im hinteren oder mittleren Bereich des Beetes. Weitere blaue Stauden sind die Bergflockenblume (*Centaurea montana*) und Salbei (*Salvia nemorosa*), dessen blau allerdings schon leicht in violett übergeht. Ganz ähnlich in der Wirkung, ist auch Katzenminze (*Nepeta* x *faassenii*). Eine hübsche Staude mit hellblauen Blüten und dazu lichtgrünem Laub ist die Amsonie (*Amsonia tabernaemontana*).

Dezente Töne

Unter den weiß blühenden Stauden hat man eine große Auswahl. Duftender Phlox (*Phlox paniculata*) bietet sich beispielsweise an, aber auch Margeriten (*Leucanthemum maximum*), Mutterkraut (*Tanacetum parthenium*) oder die hübsche Sterndolde (*Astrantia major*). Von den meisten Blütenstauden gibt es weiße Varietäten, sodass die Suche nicht schwer fallen dürfte. Am vorderen Rand der Rabatte dürfen sich locker polsterförmige Stauden ausbreiten, die den Übergang zum Weg überspielen. Geradezu unverwüstlich und mit seiner grüngelben Blütenfarbe prädestiniert ist der Frauenmantel (*Alchemilla mollis*). Nach der Blütezeit schneidet man ihn am besten kräftig zurück, damit er neu austreibt. Auf diese Weise bleibt sein hellgrünes handförmiges Laub bis in den Herbst hinein attraktiv. Falls eine Rabatte dieser Art anstatt vor dunklen Gehölzen vor einer Mauer platziert werden soll, lassen sich die hinteren Großstauden auch durch Kletterpflanzen ersetzen, die an gespannten Drähten oder einer anderen Kletterhilfe empor ranken können. Gelber Winterjasmin öffnet bereits im Januar seine Blüten. In der Gruppe der Waldreben (*Clematis*) finden sich Arten wie die im April blühende Alpen-Waldrebe mit hellblauen Blüten oder die Berg-Waldrebe (*Clematis montana* 'Rubens'), bei der eine einzelne Pflanze eine ganze Mauer in ein einziges hellrosa Blütenmeer verwandeln kann (auch von dieser Art sind weiße Varietäten erhältlich). Schließlich sollte noch die ab August blühende *Clematis rehderiana* erwähnt werden, deren hellgelbe Glockenblüten klein, aber ungemein zahlreich an der bis sieben Meter hohen Pflanze erscheinen.

Akzente setzen

Ersetzt man die hellgelben Pflanzen durch solche mit goldgelben bis orangenen Farben, erhält die Rabatte gleich einen ganz anderen Charakter. Inkalilien (*Alstroemeria*-Hybriden), Montbretien (*Crocosmia* x *crocosmiiflora*) und viele Lilien (*Lilium*-Hybriden) blühen in warmen Orangetönen. Allerdings sollte man dann auch die

weißen Stauden durch gelb blühende ersetzen, denn sie würden zwischen den kräftigen Farben etwas verloren wirken. Anders sieht es wieder aus, wenn statt der hellgelben Blütenfarben rote oder magentafarbene verwendet werden, denn da bringt die weiße Farbe die nötige Leichtigkeit in die ansonsten leicht düster wirkende Kombination.
Falls genügend Platz vorhanden ist, kann man die Staudenrabatte auch zu einer „Mixed Border" erweitern, in der neben den Stauden verschiedene Blütensträucher eingesetzt werden. Zwerg-Deutzien (*Deutzia gracilis*) werden nicht höher als einen Meter und schmücken sich im Frühsommer mit zierlichen weißen Blütenrispen. Die Sträucher bilden kompakte, kugelige Büsche. Für den hinteren Bereich eignen sich höhere Sträucher wie Bauernjasmin (*Philadelphus coronarius*) oder auch verschiedene Strauchrosen.

EIN GELB-ORANGENES FEUERWERK IM SPÄTSOMMER

Im Gegensatz zu den weichen Pastellfarben haben die feurigen Gelb- und Rottöne etwas Dramatisches an sich. Mit ihrer Leuchtkraft erinnern sie an eine untergehende Sonne, die sich von Gelb immer mehr zu Orange verfärbt, bis sie schließlich als roter Ball am Horizont verschwindet. Besonders unter den Spätsommerstauden lassen sich solch lodernde Blüten finden. Kräftiges Gelb wird zum Beispiel vertreten durch Rudbeckien (*Rudbeckia fulgida* var. *sullivantii*) oder Sonnenauge (*Heliopsis helianthoides* var. *scabra*). Die Sonnenbraut (*Helenium*-Hybriden) deckt sämtliche Töne von Goldgelb bis Kupferbraun ab, viele Sorten sind auch zweifarbig geflammt und bringen dadurch noch mehr „Feuer" ins Spiel.
Sonnenblumen machen sich nicht nur als bis zu drei Meter hohe Einjährige gut im Hintergrund der Rabatte, es gibt auch zahlreiche Arten unter den Stauden, zum Beispiel die noch weithin unbekannte, aber wunderschöne Riesen-Sonnenblume (*Helianthus giganteus*), deren goldgelbe Blüten im sehenswerten Kontrast zu ihrem graugrünen Laub stehen. Mit einer Höhe von zwei Metern leuchten auch ihre Blüten am besten aus dem hinteren Bereich.

Gelb und Orange

Bis in den späten Herbst hinein leuchten die gold- und kupferfarbenen Blüten der Herbstchrysanthemen (*Chrysanthemum* x *hortorum*). Zu den Stauden in Sonnenfarben erweisen sich die verschiedenen Gräser als besonders gute Pflanzpartner. Ihre im späten Sommer gelb oder rot färbenden Blütenhalme nehmen des Farbthema in hervorragender Weise auf. Das straff aufrecht wachsende Reitgras (*Calamagrostis* x *acutiflora*) oder Chinaschilf (*Miscanthus sinensis*) mit seiner an Wasserfontänen erinnern-

den Gestalt sorgen zudem für die nötige vertikale Gliederung im Beet. Doch bereits im Frühjahr stehen mit Goldlack (*Cheiranthus cheiri*) und einigen Tulpensorten warme Orangetöne zur Verfügung, die Freude auf den kommenden Sommer wecken. Ganz anders als kräftige, ins Orange spielende Gelbtöne wirkt helles Gelb, das seine zurückhaltende Färbung durch Weiß- und Grünanteile erhält. Es lässt sich sehr gut mit weiß blühenden Stauden kombinieren und hellt dunkle Gartenecken sanft auf, besonders wenn man Blattschmuckpflanzen mit weiß oder gelb panaschiertem Laub dazwischenpflanzt. Helles Gelb schafft einen kühlen, leicht geheimnisvollen Aspekt, der besonders gut in der Morgen- und Abenddämmerung zur Geltung kommt. In kleinen Gärten sollten Sie eher helle Gelbtöne verwenden, denn

Eine Rabatte in Spätsommergelb

1 Sonnenbraut (*Helenium*-Hybride 'Sonnenwunder')
2 Reitgras (*Calamagrostis* x *acutiflora* 'Karl Foerster')
3 Sonnenbraut (*Helenium*-Hybride 'Zimbelstern')
4 Stauden-Sonnenblume (*Helianthus giganteus*)
5 Sonnenauge (*Heliopsis helianthoides* var. *scabra* 'Grüngoldherz')
6 Plattährengras (*Chasmantium latifolium*)
7 Sonnenbraut (*Helenium*-Hybride 'Rubinzwerg')
8 Gelber Sonnenhut (*Rudbeckia fulgida* var. *sullivantii* 'Goldsturm')
9 Goldrute (*Solidago caesia*)
10 Goldruten-Aster (*Solidaster luteus*)

sie lassen den Garten größer erscheinen, während leuchtende Gelb- und Orangetöne sich ein wenig in den Vordergrund drängen und Distanzen verkürzen. Sie können diesen Effekt aber auch ganz gezielt nutzen, um lange Distanzen optisch abzukürzen. In einem langen schmalen Beet pflan-

Feurige Rottöne werden durch gelb blühende Stauden und Sommerblumen aufgehellt

zen Sie im vorderen Bereich helle Gelbtöne, die allmählich in dunklere mit höherem Rot- und Orangeanteil übergehen. Auf diese Weise wirkt die gesamte Rabatte kompakter, der Hintergrund rückt durch die leuchtenden Töne näher heran.

Problemfarbe Rot

Eine Kunst für sich ist die Gestaltung monochromer Pflanzungen mit Rottönen. Das liegt daran, dass die Farbe Rot ganz unterschiedliche Wirkungen entfaltet, je nachdem in welche Richtung sie tendiert. Rottöne mit Blauanteil wirken eher kühl und haben wenig Fernwirkung, während Rottöne, die zu Orange tendieren, von geradezu explosiver Leuchtkraft sind. Verwendet man beide Farbrichtungen zusammen, ergibt sich meistens eine krasse Disharmonie, die Farben „beißen" sich geradezu. Schöne harmonische Beete lassen sich aber gestalten, wenn Sie kalte Rottöne mit kräftigen Pink- und Purpurtönen kombinieren. Auch extrem dunkelrote Blüten, die häufig als schwarz empfunden werden, finden hier genau den richtigen Platz. Viele dunkelrot blühende Stauden trumpfen zusätzlich mit braunrotem Laub auf, das sich ganz hervorragend einfügt und als zusätzliches Gestaltungsmittel genutzt werden kann. Übrigens: Rot-orangefarbige Rabatten wirken heller und freundlicher, wenn Sie hellgrünes und gelbes Laub integrieren, entweder durch gelblaubige Sträucher im Hintergrund oder auch mit einzelnen Knollenblumen wie dem Blumenrohr (*Canna*), von dem es zahlreiche Sorten mit hellgrünem und sogar hell gestreiftem Laub gibt.

FARBENPRÄCHTIGE SOMMERBLUMENBEETE

Im Gegensatz zu Stauden blühen Sommerblumen nur eine Saison, sie müssen also jedes Jahr wieder neu ausgesät werden. Doch gerade diese Tatsache lässt sich Gewinn bringend nutzen. Sommerblumen können zum Beispiel kurzfristig als Lückenfüller in neu angelegten Staudenbeeten eingesetzt werden, solange die Stauden noch nicht zu ihrer vollen Größe herangewachsen sind. Mit Sommerblumen lässt sich auch wunderbar expe-

Sommerblumen zweiseitig – in der Mitte am höchsten

1 Hoher Ziertabak (*Nicotiana sylvestris*)
2 Steife Verbene (*Verbena bonariensis* 'Violetta')
3 Scharlach-Salbei (*Salvia coccinea* 'Coral Nymph')
4 Einjähriger Sonnenhut (*Rudbeckia hirta*, 'Marmelade')
5 Scahrlach-Salbei (*Salvia coccinea* 'Snow Nymph')
6 Ziertabak (*Nicotiana alata* 'Saratoga Lime')
7 Muschelblume (*Molucella laevis*)

rimentieren: Sie können neue Farbzusammenstellungen ausprobieren, die sich, wenn sie gefallen, später auch auf Staudenbeete übertragen lassen.

Das klassische Sommerblumenbeet

Nach wie vor werden Sommerblumen am häufigsten in separaten Sommerblumenbeeten verwendet. Nach dem Abräumen der verblühten Zwiebelpflanzen im Mai werden die vorgezogenen Einjährigen an ihre Stelle gepflanzt oder robuste schnell wachsende ausgesät. Dabei lassen sich je nach Arten- und Sortenwahl die unterschiedlichsten Effekte erzielen. Sie können die Einjährigen einerseits nach Farbspektren kombinieren, andererseits aber auch nach Themen. Für beide Möglichkeiten gibt es im Handel auch fertige Saatgutmischungen. Sehr beliebte Mischungen sind zum Beispiel „Der weiße Garten“, „Romantische Mischung in Pastelltönen“ oder „Die naturnahe Blumen-

Rot mit Weiß ist eine klassische und frische Farbkombination

Eine Blumenwiese aus Sommerblumen uns einjährigen Gräsern

wiese". Letztere besteht überwiegend aus heimischen Blumen wie Klatschmohn, Kornblume oder Lein. Bei der Direktsaat dieser Mischungen wird die genaue Position der einzelnen Pflanzen bewusst dem Zufall überlassen. Bei der Vorkultur hingegen können die Pflänzchen genau nach Plan an die vorgesehen Stellen gepflanzt werden. Sehr ansprechend wirkt die Kombination unterschiedlich hoher Sommerblumen, wobei die höheren in den Hintergrund bzw. bei einem Inselbeet in die Mitte zu stehen kommen.

Eine Blumenwiese

In den Hintergrund setzt man 200 bis 300 cm hohe Sonnenblumen (*Helianthus annuus*) in klassischem Gelb oder auch in verschiedenen Gelb- und dunklen Rottönen. Gesellschaft bekommen sie von fast ebenso hohen Zierartischocken (*Cynara scolymus*), die durch kräftig lila Distelblüten auffallen. Weiße Spinnenblumen (*Cleome spinosa*) mit der Höhe von 100–150 cm werden in kleinen Gruppen davor platziert und schaffen gemeinsam mit orangenen Tithonien (*Tithonia rotundfolia*, 80–100 cm) den Übergang zu den niedrigeren Chrysanthemen (*Chrysanthemum segetum* 'Schwarz-Rot-Gold') mit besonders aparten dreifarbigen Blüten. Je nach Größe des Beetes lassen sich natürlich noch mehr Stufen farblich abgestimmter Sommerblumen anfügen. Der eigenen Fantasie sind dabei keine Grenzen gesetzt.

Bei zweiseitig angelegten Beeten kommen die höchsten Exemplare in die Mitte, die niedrigeren werden in Stufen zu den Rändern hin gepflanzt.

Hoher Ziertabak (*Nicotiana sylvestris*) eignet sich mit seiner markanten Gestalt gut als Mittelpunkt und wird durch die zarte Erscheinung des Schleier-Eisenkrauts (*Verbena bonariensis*) in seiner Wirkung noch verstärkt. Die aparte Muschelblume (*Molucella laevis*) setzt vertikale Akzente, während Sommersalbei (*Salvia coccinea*), Sonnenhut (*Rudbeckia hirta*) und Niedriger Ziertabak (*Nicotiana alata*) für die nötige Fülle sorgen.

Schneller Sichtschutz mit Sommerblumen

Solch eine Pflanzung mit 150–250 cm hohen Exemplaren lässt sich übrigens gut für einen schnellen Sichtschutz verwenden. Allerdings bleibt er immer „durchsichtiger" als eine dichte Hecke, aber eine optische Trennung zum Beispiel eines Sitzplatzes lässt sich auf diese Weise schnell verwirklichen. Besonders in einem neu angelegten Garten können Sie auf diese Weise eine gemütliche Atmosphäre schaffen. Am besten ziehen Sie die Pflanzen hierfür schon sehr zeitig im Frühjahr im Haus oder unter Glas heran, damit Sie ab Juni/Juli bereits blühende Pflanzen haben, die den ihnen zugedachten Zweck erfüllen. Neben den oben genannten hochwüchsigen Arten wird auch die Wunderblume, besonders die rotlaubige *Ricinus gibsonii* 'Impala' bis zu zwei Meter hoch und ist damit für den Einsatz als Sichtschutz prädestiniert.

Unter den Einjährigen gibt es eine Fülle von Kletterern, die an geeigneten Kletterhilfen schnell hochranken oder winden. Auch auf diese Weise lässt sich schnell ein wirkungsvoller Sichtschutz zaubern. Aus der großen Auswahl seien hier noch einige genannt: Die Prunkwinde (*Ipomoea pururea*) bildet eine dichte Blätter- und Blütenwand, und die Trichterblüten in Blau- oder Lilatönen haben eine überwältigende Fernwirkung. Auch die Sternwinde (*Quamoclit lobata*) wächst dicht und kräftig. Ihre Blüten sitzen in langen Rispen, öffnen sich in leuchtendem Rot und gehen beim Aufblühen in helles Gelb über. Eine wahrhaft „flammende" Erscheinung! Die Schwarzäugige Susanne (*Thunbergia alata*) hat gelbe oder orangene Blüten mit einem markanten schwarzen Auge in der Mitte. Die Glockenrebe (*Cobaea scandens*) besticht durch ihre zartlila oder auch weißen Glockenblüten. Besonders wuchsfreudig ist auch der japanische Hopfen (*Humulus scandens*), dessen Zierde allerdings im Wesentlichen sein gelapptes Laub ist. Die Blüten sind eher unscheinbar. Die Sorte 'Aurea' hat besonders aparte grüngelbe Blätter.

Sommerblumen im Nutzgarten

In Bauerngärten werden Obst und Gemüse seit jeher mit Sommerblumen für die Schnittblumengewinnung kombiniert. Zudem gewinnt jeder Nutzgarten auch optisch durch

Im Bauerngarten dürfen Blumen und Gemüse die formalen, mit Buchs umrandeten Beete üppig ausfüllen

ein paar bunte Farbtupfer. Die Sommerblumen können entweder außen am Zaun entlang gesät oder gepflanzt werden, oder Sie ersetzen einige Gemüse- durch Blumenreihen. Auch an den Wegrändern entlang können niedrige Einjährige wirkungsvoll zu Geltung kommen. Manche Sommerblumen fühlen sich übrigens im Nutzgarten besonders wohl, weil sie dort, bedingt durch wechselnde Kulturen, jedes Jahr einen neuen Standort erhalten können. Die beliebten Sommerastern (*Callistephus chinensis*) müssen unbedingt jedes Jahr an einem anderen Standort stehen, weil sonst die Gefahr sehr groß ist, dass sie sich mit der gefürchteten Asternwelke infizieren.

Einige Sommerblumen sind übrigens Zierde und Bodenverbesserer zugleich. Ringelblumen und Tagetes halten den Boden frei von Bodenälchen und schützen auf diese Weise auch die Nutzpflanzen. Und natürlich sind auch Nutzpflanzen oft Zierpflanzen, man denke nur an Bohnen mit roten und Erbsen mit lila Blüten. Auch lassen sich etliche Sommerblumen als Gewürz oder als Grundlage für Kosmetik verwenden, die Übergänge sind also immer fließend.

ROSEN SIND GUTE BEETPARTNER

So unterschiedlich Rosen in ihrer Erscheinung sind, so unterschiedlich lassen sie sich auch im Beet verwenden. Von der hohen Wildrose für den Hintergrund bis zur zwergigen Beetrosensorte – mit Augenmaß eingesetzt – sind sie eine Bereicherung, ob in der gemischten Rabatte oder im formalen Beet.

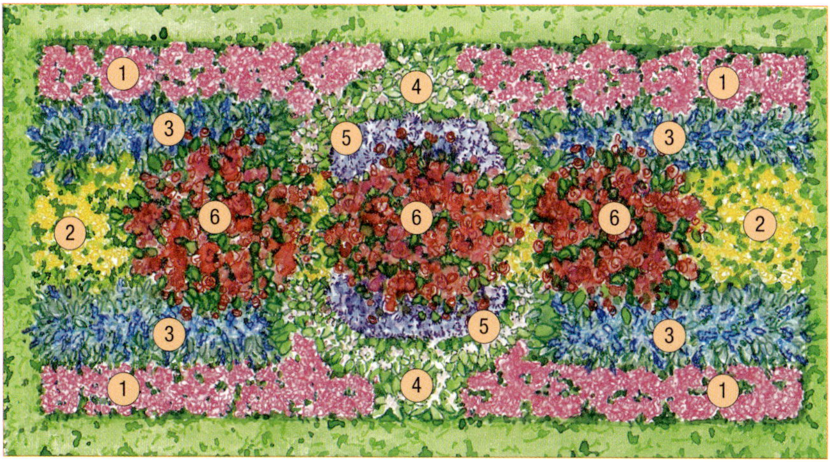

Abgesehen von den oft steif wirkenden Edelrosen lassen sich Rosen hervorragend mit Stauden kombinieren. Besonders historische Rosen und Strauchrosen mit einfachen oder nur locker gefüllten Blüten fügen sich sehr gut in Staudenpflanzungen ein, denn sie zeichnen sich durch eine ansprechende Wuchsform aus. Durch ihre Wuchshöhe lassen sie sich gut im mittleren und hinteren Bereich des Beetes verwenden. Auch Kletterrosen, die im Hintergrund am Zaun oder einer Mauer emporwachsen, geben einer Staudenpflanzung zusätzliche Fülle.

Im ländlichen Garten spielten Wildrosen wie Kartoffelrose (*Rosa rugosa*) oder die bekannte Apothekerrose (*Rosa gallica* 'Officinalis') schon immer eine wichtige Rolle. Blüten und Hagebutten wurden in der Küche und teilweise auch zu Heilzwecken verwendet. Ihre Blüten in leuchtenden Pink- und Rosatönen ergänzen sich wunderbar mit blauem Rittersporn, Akelei und Glockenblumen.

Formales Rosenbeet

1 Chinesernelke (*Dianthus chinensis*)
2 Feinblättrige Studentenblume (*Tagetes tenuifolia*)
3 Mehliger Salbei (*Salvia farinacea*, leuchtendblau)
4 Ziertabak (*Nicotiana alata* 'Domino Rot')
5 Heliotrop (*Heliotropum arborescens*)
6 Hochstammrose (*Rosa* 'Momo')

Die schönen Wilden

Bereits ab Ende Mai können Sie sich an der Schönheit der Rose erfreuen. Dann haben die ersten Wild- und Strauchrosen ihren großen Auftritt. Den Anfang macht die chinesische Goldrose mit einer Unmenge ungefüllter primelgelber Blüten. Sie wird mit etwa zwei Metern zwar recht hoch, lässt sich aber gut in gemischte Hecken integrieren oder in den Hintergrund eines Beetes platzieren. Weitere sehr empfehlenswerte Wildrosen sind: Die Bibernellrose (*Rosa pimpinellifolia*), zu der auch die berühmten „Frühlingsrosen" gehören, die von Kordes in den 30er Jahren gezüchtet wurden und die auch heute nichts von ihrer Faszination verloren haben. Ihre Blütenfarben variieren je nach Sorte zwischen Hellgelb und kräftig Rosa. Auch sie werden bis zu zwei Meter hoch und fügen sich hervorragend in Hecken ein. Eine weitere Wildrose, die nicht unerwähnt bleiben darf, ist die Hechtrose (*Rosa glauca*), die neben kleinen pinkfarbigen Blüten auch wunderschönes blaugrünes Laub besitzt. Sie lässt sich hervorragend mit dunkellaubigen Gehölzen oder als Kontrast auch mit gelblaubigen Pflanzen kombinieren. Wildrosen blühen nur einmal, aber üppig.

Ungefüllte Strauchrosen haben sich ihren wildhaften Charakter bewahrt

Alte Rosen mit viktorianischem Charme

Das Thema „Romantischer Garten" hat in den letzten Jahren wieder stark an Bedeutung gewonnen und damit auch das Interesse an historischen Rosen geweckt. In einem Punkt sind die alten Rosen unschlagbar: Sie duften köstlich! Dem Gartenfreund stehen heute speziell ausgewählte Sorten zur Verfügung, die auch im modernen Hausgarten ohne aufwändige Pflege gedeihen, zum Beispiel 'Rose de Resht' mit stark duftenden, dicht gefüllten Blüten, deren Farbe man am ehesten mit Purpurlilarot beschreiben könnte.

Als Alternative zu den „echten Alten Rosen" bieten sich die Englischen Rosen an. Sie zeichnen sich auch durch dicht gefüllte Blüten in wunderschönen Pastell- und Violetttönen aus. Im Gegensatz zu den historischen Rosen blühen sie auch den ganzen Sommer hindurch.

Moderne Alleskönner

In den letzten Jahren hat die Rosenzüchtung riesige Fortschritte gemacht. Für jeden Zweck steht eine große Anzahl von Sorten zur Verfügung, vom Zwerg bis zum Riesen, in nahezu allen Blütenfarben, mit gefüllten oder einfachen Blüten. Die modernen Rosen sind dauerblühend, wüchsig und unempfindlich gegen Krankheiten und Schädlinge. Um dem Rosenfreund den Überblick zu erleichtern, werden sie je nach Wuchseigenschaften in verschiedene Klassen eingeteilt. Hier sollen nur die Gruppen vorgestellt werden, die für gemischte Beete von Belang sind.

Beetrosen – die Klassiker

Beetrosen sind die idealen Kandidaten für Gruppenpflanzungen, können aber auch im Staudenbeet ihre Trümpfe ausspielen. Sie zeichnen sich durch eine eher aufrechte Wuchsform und eine kompakte Wuchshöhe von 40–70 cm aus. Es gibt Sorten mit einfachen, halb gefüllten und gefüllten Blüten in vielen pastelligen und leuchtenden Farben.

Kleinstrauch- und Bodendeckerrosen

In diese Gruppe gehören Sorten mit einer Wuchshöhe bis etwa einem Meter, oft ausladend bis überhängend wachsend. Damit eignen sie sich hervorragend, um größere Flächen zu bedecken. Die weniger breit wachsenden Sorten lassen sich auch sehr gut mit Stauden und flachen Sträuchern kombinieren. Kleinstrauch- und Bodendeckerrosen sind besonders pflegeleicht, die meisten brauchen nur alle paar Jahre radikal zurückgeschnitten werden. Viele Sorten werden auch wurzelecht angeboten, sodass die Rosen unterirdische Ausläufer bilden können und so nach kurzer Zeit auch größere Flächen dicht bewachsen. Etliche Sorten dieser Gruppe haben wildrosenhaften Charme und sind mit ihren einfachen bis leicht gefüllten Blüten auch bei Bienen äußerst beliebt. Die weniger flach wachsenden Sorten eignen sich aber auch hervorragend als Partner für Beetstauden.

Strauchrosen – Solitäre und Staudenpartner

Rosen ab einer Höhe von etwa 1,20 m werden als Strauchrosen bezeichnet. Sie lassen sich einerseits gut für die Einzelstellung oder in kleinen Gruppen verwenden, andererseits geben sie gute Partner für die Kombination mit Beetstauden ab. Auch die historischen und englischen Rosen gehören überwiegend zu dieser Gruppe.

Kletterrosen – Spezialisten für die dritte Dimension

Üblicherweise in den Hintergrund von Beeten, an einer Mauer oder am Zaun gepflanzt, eignen sich Kletterrosen gut als Kulisse oder zur Raumbildung. Aber auch solitär an Obelisken oder ähnlichen Klettergerüsten sorgen Kletterrosen für einen zusätzlichen Blickfang im Beet.

ROSENPARTNER FÜRS LEBEN

Bei der Kombination von Rosen und Stauden oder Sommerblumen sollten Sie ein paar Grundregeln beachten: Rosen, jedenfalls die stark züchterisch bearbeiteten Hybriden, benötigen relativ viele Nährstoffe, sodass Pflanzpartner auch nach diesem Gesichtspunkt ausgewählt werden sollten. Die klassische Kombination „Rosen und Lavendel" ist zwar ästhetisch sehr ansprechend, aber aus pflanzensoziologischer Sicht nicht optimal. Auch für andere grau- und silberlaubige Stauden und Halbsträucher gilt dies. Allerdings gibt es auch unter den Stauden der Lebensbereiche „Beet" und „Freifläche mit beetähnlichem Charakter" eine große Auswahl, die sich hervorragend mit Rosen vergesellschaften lassen.

Als Erstes muss hier unbedingt der Rittersporn (*Delphinium*) genannt werden, dessen verschiedene Blautöne eigentlich zu allen Rosenfarben passen, sogar zu den schwierigen

Rabatte mit Rosen

1 Strauch-/Kletterrose (*Rosa*-Hybride 'Eden Rose')
2 Stockrose (*Alcea rosea* 'Creme de Cassis')
3 Rittersporn (*Delphinium* 'Perlmutterbaum')
4 Milchblüten-Glockenblume (*Campanula lactiflora* 'Loddon Anne')
5 Hoher Staudenphlox (*Phlox paniculata* 'Landhochzeit')
6 Hoher Staudenphlox (*Phlox paniculata* 'Württembergia')
7 Pracht-Storchschnabel (*Geranium* x *magnificum* 'Rosemoor')
8 Katzenminze (*Nepeta* x *faassenii* 'Walker's Low')
9 Frauenmantel (*Alchemilla mollis*)

Orange- und Lachstönen. Bei der Auswahl der Sorten sollte man darauf achten, dass diese möglichst standfest sind. Als weitere Stauden für den Hintergrund kommen auch Riesenschleierkraut (*Crambe cordifolia*) und Riesenschuppenkopf (*Cephalaria gigantea*) infrage, die zwar eigentlich dem sonnigen Gehölzrand zuzuordnen sind, sich aber auch im Beet wohlfühlen. Mit ihren zierlichen weißen bzw. hellgelben Blüten harmonieren sie ausgesprochen gut mit Rosen. Für den Vordergrund und als Zwischenpflanzung bieten sich der Storchschnabel (*Geranium* x *magnificum*), Ehrenpreis (*Veronica spicata*), Ziest (*Stachys grandiflora*), Flockenblume (*Centaurea dealbata*), Staudenmargerite (*Leucanthemum x superbum*), Glockenblumen (*Campanula glomerata* und *C. lactiflora*) Salbei (*Salvia* x *superba*), Roter Sonnenhut (*Echinacea purpurea*), Sonnenhut (*Rudbeckia sullivantii*) und auch Scabiosen (*Scabiosa caucasica*) an. Die Brennende Liebe (*Lychnis chalcedonica*) wird wegen ihrer roten Blütenfarbe am besten mit weißen und gelben Rosen kombiniert. Auch unter den Gräsern gibt es etliche Vertreter, die nährstoffreiche Böden lieben, zum Beispiel das Plattährengras (*Chasmanthium latifolium*, früher *Uniola latifolia*), die Rutenhirse (*Panicum virgatum*), die sich im Herbst prächtig rot färbt, oder das Riesen-Pfeifengras (*Molinia altissima*).
Weiterhin können sehr schöne Kombinationen mit einjährigen Sommerblumen erzielt werden. Verschiedene Salbeiarten wie *Salvia farinacea*, *S. coccinea*, *S. hormium* oder *S. patens* seien hier genannt. Auch die kurzlebigen Hornveilchen (*Viola cornuta*), die sich immer wieder selbst aussamen, passen gut hierher. Gerade bei Sommerblumen kann man seiner „Experimentierwut“ freien Lauf lassen; was nicht gefällt, wird im nächsten Jahr durch etwas anderes ersetzt.
Bei allen Kombinationen sollte man unbedingt auf eines achten: Rosen wollen von ihren Nachbarn nicht bedrängt werden, daher sollte man die Abstände zu ihnen großzügig wählen, auch allzu ausbreitungsfreudige Stauden sind hier fehl am Platz.

Die Kletterrose 'Maria Lisa' gibt einen großartigen Beethintergrund ab

Duftende Beete

Was gibt es Schöneres, als entspannt auf der Terrasse zu sitzen und den Duft des Sommers zu genießen? Die Nuancen der verschiedenen Düfte sind dabei so vielfältig wie die Pflanzen, die sie verströmen. Da gibt es frische Zitronendüfte, leichte Düfte, die an frisch gemähte Wiesen erinnern, würzige Kräuterdüfte, aber auch schwere Moschusaromen und intensive Düfte, bei denen man sich in ein tropisches Gewächshaus versetzt fühlt. Auch das persönliche Duftempfinden der Menschen ist ganz unterschiedlich ausgeprägt. Was der eine als angenehm empfindet, erscheint dem anderen bereits als aufdringlich. Ein typisches Beispiel sind die Hyazinthen (*Hyazinthus orientalis*), die zu den am stärksten duftenden Frühlingsblumen gehören. In kleinen Gruppen im Garten wird ihr Duft von den meisten als intensiv, aber angenehm empfunden. Ein ganzes Beet oder einige Blüten in einem kleinen Zimmer hingegen duften so stark, dass dies von vielen als unangenehm empfunden wird. Im Staudenbeet genügen meist schon einzelne Exemplare duftender Arten und Sorten, um einen Hauch von Romantik zu erzeugen, besonders wenn es sich dabei um eine deutlich ausgeprägte Duftnote handelt. Duft ist übrigens nicht zu jeder Tageszeit gleich stark ausgeprägt. Die meisten Blüten duften in den Mittags- und Nachmittagsstunden am intensivsten, wenn auch die Sonneneinstrahlung am stärksten ist. Am frühen Morgen ist ihr Duft noch schwach ausgeprägt.

Phlox gehört zu den am stärksten duftenden Stauden

Auch Laub duftet

Doch nicht nur Blüten duften. Viele Pflanzen, besonders die zahlreichen Kräuter, besitzen duftendes Laub. Ihre Blätter sind mit Drüsen besetzt, denen bei der kleinsten Berührung ätherische Öle entströmen. Streichen Sie einmal mit der Hand durch das Laub von Lavendel (*Lavandula angustifolia*) oder Salbei (*Salvia officinalis*): Sofort steigt Ihnen ein würziger Duft in die Nase. Besonders gut aufgehoben sind solche meist niedrig wachsenden Duftkräuter daher in höher gelegenen

Beeten, wo sie der Nase des Betrachters näher sind. Hochbeete am Rand der Terrasse sind besonders geeignet und auch gestalterisch eine gute Wahl, denn sie bringen ein wenig mediterranes Lebensgefühl mit hinein.

Duftkünstler

Manchen Blüten entströmt erst in den Abendstunden ein köstlicher Duft. Auffallend ist, dass es sich dabei meist um weiße oder sehr helle Blüten handelt. Sie locken durch Duft und Farbe Nachtfalter zur Bestäubung an. Zu dieser Gruppe gehören Nachtviole (*Hesperis matronalis*), Tabak (*Nicotiana sylvestris*), aber auch zahlreiche Trichterlilien (*Lilium*-Hybriden). Unter den Sommerblumen finden sich übrigens besonders viele duftende Arten, mit denen auch Staudenbeete „aufgefüllt“ werden können. Einen wunderbaren Duft verströmen beispielsweise schon wenige Exemplare des polsterförmig wachsenden Duftsteinrichs (*Lobularia maritima*), der im Vordergrund eines jeden Beetes noch ein Plätzchen findet.
Einen wahren Duftrausch können Sie erzeugen, wenn Sie duftende Rosen mit solchen Einjährigen kombinieren. Besonders die historischen Rosen aus der Gruppe der *Gallica*- und *Alba*-Rosen betören durch ihre unterschiedlichen, meist sehr würzigen Blütendüfte. Ihr strauchförmiger, eleganter Habitus und ihre sanften Blütenfarben harmonieren hervorragend mit Levkojen (*Mattiola incana*), Heliotrop (*Heliotropum arborescens*) und Bartnelken (*Dianthus barbatus*). Bartnelken sind Zweijährige, die im Mai/Juni des folgenden Jahres nach der Aussaat blühen, es gibt aber inzwischen auch Sorten, die bereits im ersten Sommer blühen, wenn sie zeitig ausgesät werden.

Beete mit mediterranem Flair

Im Laufe der letzten Jahre ist der mediterrane Gartenstil ungemein beliebt geworden. Viele Gartenbesitzer lassen sich durch Reisen in den Mittelmeerraum inspirieren, beeindruckt durch den südländischen Lebensstil. Auch die Mittelmeerküche mit ihren zahlreichen aromatischen Kräutern gehört inzwischen zum festen Bestandteil mitteleuropäischer Lebensart.
Zu den Pflanzen, die das gewünschte „Mittelmeer-Feeling“ vermitteln, gehören all die Würzkräuter und Aromapflanzen, die aus der mediterranen Küche nicht mehr wegzudenken sind. Sie zeichnen sich in der Überzahl durch silbriges oder graues Laub aus, das bei der kleinsten Berührung aromatisch duftet. Große, weiche Blätter sind die Ausnahme, denn die Pflanzen müssen im Sommer mit viel Sonne, Hitze und längeren Trockenperioden zurechtkommen. Aus diesem Grund sind ihre Blätter klein, damit

nicht zu viel Wasser verdunstet wird, und oft auch mehr oder weniger behaart, denn so wird die Sonnenstrahlung ein wenig gefiltert. Mittelmeerstauden sind also für vollsonnige, warme Plätze, zum Beispiel an der Terrasse, bestens geeignet.

Eine „Mittelmeerinsel" im eigenen Garten

Ein mediterranes Beet könnte zum Beispiel folgendermaßen aussehen: Im Vordergrund blüht duftender Lavendel (*Lavandula angustifolia*) in kräftigem Lilablau, der von rosa Dost (*Origanum vulgare*) ergänzt wird. Auch Silber-Ehrenpreis (*Veronica spicata* ssp. *incana*) ist für eine flache Vorpflanzung gut geeignet. Etwas höher wird Katzenminze (*Nepeta* x *faassenii*), besonders die kräftig wachsende Sorte 'Six Hills Giant'. Leuchtendes Purpurrosa bringt die Vexiernelke (*Lychnis coronaria*) ins Beet. Wunderbares weich behaartes Laub hat das Brandkraut (*Phlomis russeliana*), das sich im Juni und Juli mit quirlförmig angeordneten hellgelben Lippenblüten schmückt. Kommen zu dieser sanften Farbsymphonie noch Spornblumen (*Centranthus ruber*) und Kugeldisteln (*Echinops ritro*) mit ihren stahlblauen Blütenkugeln dazu, ist das Sonnenbeet mit mediterranem Flair perfekt.

Viele sommerblühende Zwiebelblumen sind eine schöne Ergänzung zu silberlaubigen Stauden. Besonders die duftende Madonnenlilie (*Lilium candidum*) mit ihren schneeweißen Trichterblüten ergänzt sich gut mit Lavendel & Co., aber auch viele Sorten, deren kugelige Blütenstände über den Stauden schweben.

Eine Hochstammrose bildet den Mittelpunkt diesen kleinen runden Beetes

Ein Steppenbeet

Standorte in voller Sonne mit überwiegend trockenem Boden werden als Steppe oder genauer als „sonnige Freifläche mit Steppencharakter", bezeichnet. Sie sind geprägt durch besonders durchlässige Bodenarten mit hohem Sandanteil, oft auch durch Gegenden mit geringen Niederschlägen. Was für die meisten Prachtstauden zum Problem wird, bietet etlichen Ar-

Steppenbeet

1 Missouri-Nachtkerze (*Oenothera macrocarpa*, früher *O. missouriensis*)
2 Stauden-Lein (*Linum perenne*)
3 Zitronen-Thymian (*Thymus* x *citriodorus* 'Golden Dwarf')
4 Grannen-Federgras (*Stipa pennata*)
5 Zwerg-Bartiris (*Iris barbata-nana* 'April Accent')
6 Zwerg-Bartiris (*Iris barbata-nana* 'Kolksee')
7 Zwerg-Bartiris (*Iris barbata-nana* 'Sapphire Gem')
8 Zwerg-Bartiris (*Iris barbata-nana* 'Sonnentrude')
9 Hohe Bartiris (*Iris barbata- eliator* 'Vanity')
10 Hohe Bartiris (*Iris barbata-eliator* 'Sultry Mood')
11 Katzenminze (*Nepeta* x *faassenii* 'Snowflake')
12 Hohe Bartiris (*Iris barbata-eliator* 'Rusticana')
13 Echter Lavendel (*Lavandula angustifolia* 'Grappenhall')
14 Teppich-Glockenblume (*Campanula poscharskyana* 'Stella')
15 Federborstengras (*Pennisetum orientale*)
16 Hohe Fetthenne (*Sedum* 'Matrona')
17 Spornblume (*Centranthus ruber*)
18 Zwerg-Chinaschilf (*Miscanthus sinensis* 'Yakushima Dwarf')
✧ Kugel-Lauch (*Allium* 'Globemaster')
✳ Siebers Frühlingskrokus (*Crocus sieberi*)
✠ Netz-Iris (*Iris reticulata*)
❖ Kugelkopf-Lauch (*Allium sphaerocephalum* White'; Weiß)

ten ideale Lebensbedingungen. Viele von ihnen kommen ursprünglich aus sommertrockenen Gebieten des nordamerikanischen Kontinents und fühlen sich bei entsprechenden Bedingungen auch bei uns sehr wohl. Aber auch etliche Vertreter aus Südeuropa fügen sich gut in solche Steppenpflanzungen ein.

Ergänzt werden sie durch eine ganze Anzahl von Gräsern sowie Knollen- und Zwiebelpflanzen. Bereits im zeitigen Frühjahr zeigen sich die verschiedenen Krokusse, besonders *Crocus sieberi*, gefolgt von Wildtulpen, die ihrerseits ab Ende April von niedrigen Bartiris (*Iris barbata-nana*) abgelöst werden. Dazwischen entwickeln sich

Bart-Iris und Kugellauch fühlen sich im Steppenbeet wohl

langsam die sommerblühenden Stauden und Gräser, zum Beispiel Sonnenröschen (*Helianthemum*-Hybriden), Staudenlein (*Linum perenne* und *L. flavum*), die überaus anpassungsfähige Spornblume (*Centranthus ruber*), Katzenminze (*Nepeta* x *faassenii*) und Junkerlilie (*Asphodeline lutea*).
Es fällt auf, dass viele Stauden, die im Steppenbeet gut gedeihen, silberfarbenes oder behaartes Laub besitzen, wodurch die Verdunstung in Grenzen gehalten wird und die Pflanzen weniger Wasser benötigen. Im Hochsommer schieben Zierlauch-Arten ihre kugeligen Blütenköpfe auf drahtigen Stängeln in die Höhe, während die Blütenstände der Steppenkerzen (*Eremurus*) und Kniphofien (*Kniphofia*) wie Fackeln über der Pflanzung lodern. Sie werden bestens durch zierliche Gräser ergänzt, deren Blüte nun nach und nach einsetzt. Im Spätsommer setzt dann das große Finale ein mit Bergaster (*Aster amellus*), Fetthenne (*Sedum telephium*) und Goldhaar-Aster (*Aster linosyris*), deren Blütezeiten sich bis in den Herbst hinein fortsetzen. Bei der Auswahl an Gräsern kann man aus dem Vollen schöpfen: Lampenputzergras (*Pennisetum orientale* und *P. alopecuroides*) mit seinen Flaschenbürsten ähnlichen Blütenständen, dazu das bis 1,20 m hohe Goldbartgras (*Sorghastrum nutans*), dessen Samenstände in einem besonders schönen Goldton leuchten, oder die verschiedenen Federgräser (*Stipa gigantea* und *S. tenuifolia*) seien hier genannt. Die meisten Sorten des Chinaschilfes (*Miscanthus sinensis*) werden hingegen zu mächtig, so zierliche Gestalten wie 'Yakushima Dwarf' eignen sich aber hervorragend. Eine Staude, die in den letzten Jahren immer beliebter wurde, ist *Gaura lindheimeri*, deren deutscher Name Apfelblütengras schon viel über ihr Aussehen verrät. Strenge Winter mit reichlich Niederschlägen übersteht sie leider meistens nicht, dafür lässt sie sich aber leicht und schnell aus Samen ziehen.

Gräser schaffen Steppenzauber

Auf etwas kräftigeren Böden lassen sich auch Prachtstauden so mit Gräsern kombinieren, dass die Pflanzung durchaus Steppencharakter erhält, zum Beispiel Sonnenhut (*Rudbeckia*),

hohe Vernonien (*Vernonia crinita*) und Glattblatt-Astern (*Aster novi-belgii*) mit Gräsern wie Rutenhirse (*Panicum virgatum*), die auf allzu leichten Böden nicht optimal wächst.
Den Übergang von der Steppe zum Steingarten bildet die so genannte Felssteppe, in der größere flache Steine und Trittplatten möglichst natürlich wirkend so integriert werden, dass Polsterpflanzen locker darüber und zwischen ihnen hindurch wachsen können. Dafür verwendet man am besten kräftig wachsende Stauden, die auch optisch mit den Steppenpflanzen harmonieren, zum Beispiel die Poscharky-Glockenblumen (*Campanula poscharskyana*), Thymian (*Thymus* x *citriodorus*) und Missouri-Nachtkerze (*Oenothera macrocarpa*), aber auch die bereits im Frühjahr blühende Schleifenblume (*Iberis sempervirens*), die immergrünes Laub besitzt. Zwischen den Polsterpflanzen finden niedrige Bart-Iris (*Iris-barbata-nana*-Hybriden) Platz, die mit ihren edelsteinbunten Blüten der Blickfang in den Monaten April und Mai sind. Locker verteilt erheben sich dahinter Lavendel (*Lavandula angustifolia*) und Salbei (*Salvia officinalis*), ergänzt von den rundlichen Hügeln der erst im Herbst blühenden Fetthenne (*Sedum telephium*). Spornblumen (*Centranthus ruber*) dürfen sich aussäen und vagabundieren auf diese Weise durch das Beet, ohne je lästig zu werden. Auch zahlreiche Zwiebelblumen finden einen geeigneten Platz, von früh blühenden Krokussen (*Crocus sieberi*) bis zu sommerblühenden Zierlauchen (*Allium sphaerocephalum* und *A.* 'Globemaster') deren Kugelblüten die anderen Pflanzen überragen. Die Zwergform des Chinaschilfes (*Miscanthus sinensis* 'Yakushima Dwarf') sprengt mit einer Höhe von 80 cm nicht die Dimensionen der Pflanzung und bleibt bis in den Winter hinein attraktiv.

Trockenwiesen

Trockenwiesen ähneln von den Lebensbedingungen ganz den Steppen. Hier wachsen jedoch Stauden ungeordnet und ineinander verwoben. Wählen Sie Arten aus, die ihren natürlichen Standort auf solchen Trockenwiesen haben, wählen Sie die Pflanzen aber auch danach aus, dass vom Frühjahr bis zum Herbst immer etwas blüht. So könnte eine Trockenwiese zum Beispiel aussehen: Die ersten Stauden, die ihre Blüten im Frühling öffnen, sind Küchenschelle (*Pulsatilla vulgaris*) und Adonisröschen (*Adonis vernalis*). Im Frühsommer folgen dann zum Beispiel Diptam (*Dictamnus albus*) und Wolliger Fingerhut (*Digitalis lanata*), während gleichzeitig die verschiedenen Gräser austreiben.
Ihren Höhepunkt hat die Trockenwiese ab Anfang Juli. Dann präsentiert sie sich als Symphonie in Gelb und Blau, wozu im Wesentlichen die großen Mengen an Färberkamille (*Anthemis tinctoria*) und Ährigem Ehrenpreis

(*Pseudelysimachium spicatum* ssp. *spicatum*, früher *Veronica*) beitragen. Aufgelockert wird die Formation durch die markanten Gestalten etlicher Pracht-Königskerzen (*Verbascum speciosum*). Rosarote Farbtupfer kommen durch Dornige Hauhechel (*Ononis spinosa*) und Karthäusernelke (*Dianthus cathusianorum*) hinzu.
Zum Ende des Sommers, wenn die meisten Stauden verblüht sind, treten die verschiedenen Gräser in den Vordergrund und schmücken die Pflanzung bis in den Winter hinein.
Für die Anlage einer Trockenwiese muss reichlich Sand und Kalkschotter in 4er- bis 12er-Körnung etwa einen Meter tief mit dem verbleibenden Mutterboden vermischt werden, um ihn genügend abzumagern und durchlässig zu machen.

EIN KIESBEET

Im Kiesbeet sind die Bedingungen für die Pflanzen ähnlich wie in der Steppe, das heißt der Boden ist sehr

Kiesbeet

1 Sonnenröschen (*Helianthemum* 'Praecox')
2 Sonnenröschen (*Helianthemum* 'Wisley White')
3 Sonnenröschen (*Helianthemum* 'Rosakönigin')
4 Spornblume (*Centranthus ruber*)
5 Quirl-Salbei (*Salvia verticillata* 'Purple Rain')
6 Färberkamille (*Anthemis tinctoria*)
7 Haar-Federgras (*Stipa teniufolia*)
8 Amethyst-Edeldistel (*Eryngium amethystinum*)
9 Türkenmohn (*Papaver orientale* 'Aglaja')
10 Affodil (*Asphodelus albus*)
11 Riesendistel (*Eryngium giganteum*)
12 Blaustrandhafer (*Leymus arenarius*)
13 Blaustrahlhafer (*Helictotrichon sempervirens*)
14 Eselsdistel (*Onopordum acanthium*)
15 Wollige Königskerze (*Verbascum bombyciferum*)

✧ Junkerlilie (*Asphdeline lutea*)
✳ Zwerg-Bartiris (*Iris barbata-nana* 'Pet')
✠ Steppenkerze (*Eremurus stenophyllus*)
❖ Kugelkopflauch (*Allium sphaeroc ephalum*)

durchlässig. Normale Gartenböden müssen also wieder mit viel Sand und Kies genauso wie bei einer Trockenwiese abgemagert und durchlässiger gemacht werden. Zusätzlich werden im Kiesbeet aber noch größere Mengen von sehr grobem Kies eingebracht, und auch die Oberfläche wird mit Kies bedeckt. Viele mediterrane Pflanzen, besonders solche mit grauem Laub, fühlen sich im Kiesbeet wohl.

BEETE IM SCHATTEN

Auch für schattige Plätze im Garten gibt es genügend Spezialisten im Staudenreich, um dauerhaft schöne Kombinationen zusammenstellen zu können. Unter ihnen finden sich auffallend viele Stauden mit besonders dekorativem Laub, wie zum Beispiel Funkien (*Hosta*), die in den letzten Jahren zu regelrechten Modepflanzen geworden sind. Ihr großes herzförmiges Laub kann Panaschierungen in sämtlichen Weiß-, Creme- und Gelbtönen aufweisen, bei einigen Arten sind die Blätter auch fast blau und wirken wie mit Wachs überzogen. Die zartfarbigen Blüten sind dabei fast schon Nebensache, aber bei näherem Hinsehen auch sehr hübsch; und manche Sorten duften zudem!

Blüten im Schatten

Die meisten Schattenstauden zeichnen sich durch eher sanfte Blütenfarben aus, die vor dem dunklen Hintergrund der Gehölze aber besonders gut zur Geltung kommen und schattige Gartenpartien richtiggehend aufhellen. Auch die Einzelblüten sind in der Regel eher klein, dafür zahlreich an üppigen Blütenständen. Sie bilden einen wunderschönen Kontrast zum derben Laub von Funkien und Co. Besonders eindrucksvoll schon durch seine Höhe von zwei Metern ist der Wald-Geißbart (*Aruncus dioicus*), über dessen Fiederblättern sich ab Juni Unmengen cremeweißer Blütenrispen erheben. Zierlicher und kleiner, aber ähnlich vom Aufbau her, ist die Prachtspiere (*Astilbe*), deren Sorten in allen Weiß-, Rosa- und Rottönen erhältlich sind. Teppichartige Pflanzungen, bei denen mehrere Sorten kombiniert werden, wirken am schönsten. Planen Sie bei Schattenpflanzungen auch Gräser mit ein. Besonders unter

Die großen Blätter der Funkien bilden einen schönen Kontrast zu den filigranen Blütenständen von Geißbart und Wiesenraute

Beete im Schatten

1 Wald-Geißbart (*Aruncus dioicus*)
2 Akeleiblättrige Wiesenraute (*Thalictrum aquilegifolium*)
3 Akeleiblättrige Wiesenraute (*Thalictrum aquilegifolium* 'Album')
4 Reisen-Segge (*Carex pendula*)
5 Japan-Anemone (*Anemone* x *japonica* 'Rotkäppchen')
6 Schneefeder-Funkie (*Hosta undulata* 'Albomarginata')
7 Funkie (*Hosta*-Hybride 'Wide Brim')
8 Funkie (*Hosta*-Hybride 'Honeybells')

den Seggen (*Carex*) finden sich viele geeignete und sehr dekorative Arten. Einige von ihnen sind sogar immergrün.

Schattenstauden

Im wandernden Schatten vor hohen Gehölzen fühlen sich zahlreiche Stauden wohl, besonders diejenigen, die frischen humosen Boden benötigen. Die Erde an halbschattigen Standorten trocknet in der Regel nicht so rasch aus wie in der vollen Sonne. Gut zur Geltung kommen hier zartfarbige Blütenstauden wie Schneefelberich (*Lysimachia clethroides*), Geißbart (*Aruncus*) und die ganz reizende Dreiblattspiere (*Gillenia trifoliata*), die durch bunte Fabtupfer von Akelei (*Aquilegia vulgaris*) und Himmelsleiter (*Polemonium foliosissimum*) ergänzt werden. Im Vordergrund breiten sich die Schaumblüte (*Tiarella cordifolia*) und Purpurglöckchen (*Heuchera*) zu flachen Teppichen aus. Der vielseitig einsetzbare Riesen-Schuppenkopf (*Cephalaria gigantea*) überragt die Pflanzung im Hintergrund mit seinen zartgelben Skabiosenblüten.

Pflanzen für den Halbschatten

Halbschattige Standorte mit schwerem undurchlässigem Boden gelten als schwierig zu bepflanzen. Doch steht auch eine ausreichende Zahl an Staudenarten für ansprechende Pflanzungen zur Verfügung. Ligularien (*Ligularia*) zeichnen sich nicht nur durch auffallende gelbe Blütenkerzen aus, sondern besitzen auch dekoratives Laub. Bei *Ligularia przewalskii* ist es handförmig geschlitzt und wirkt dadurch eher filigran, während es bei *Ligularia dentata* derb und tellerförmig mit gezacktem Rand ist. Halbschatten und frischen Boden liebt auch der rosa blühende Wasserdost (*Eupatoium purpureum*), mit 2 m Höhe nicht gerade ein Zwerg. Etwas kleiner bleibt der weiß blühende runzelblättrige Wasserdost (*Eupatorium rugosum*). Beide Arten wirken am besten, wenn sie große geschlossene Bestände bilden können. Taglilien (*Hemerocallis*) sind zwar Sonnenkinder, kommen aber auch im Halbschatten gut zurecht und stellen auch an den Boden keine besonderen Ansprüche.

Pflanzen für den Halbschatten

1 Riesen-Schuppenkopf (*Cephalaria gigantea*)
2 Herbst-Eisenhut (*Aconitum carmichaelii* var. *wilsonii*)
3 Wald-Geißbart (*Aruncus sinensis* 'Zweiweltenkind')
4 Akelei (*Aquilegia vulgaris*)
5 Gefiederte Jakobsleiter (*Polemonium foliosissimum*)
6 Entenschnabel-Felberich (*Lysimachia clethroides*)
7 Dreiblattspiere (*Gillenis trifoliata*)
8 Purpurglöckchen (*Heuchera* x *brizoides* 'Scintillation')
9 Schaumblüte (*Tiarella cordifolia*)

Am Teichrand

Ohne Randbepflanzung, nur von Rasen, Steinplatten oder Klinkerpflaster umgeben, wirken Teiche leicht wie Fremdkörper im Garten. Anders als formale Wasserbecken sollen Gartenteiche sich zwanglos in die Gesamtgestaltung einfügen, außerdem bieten sie durch ihre Vegetation den vielen Insekten und anderem Getier den nötigen Lebensraum. Auch in der Natur sind die Ufer von Teichen und Bachläufen immer mit zahlreichen Sumpf- und Wasserrandstauden bewachsen.

Um trotzdem an den Teich herantreten und sich an der spiegelnden Wasseroberfläche erfreuen zu können, können Sie einen kleinen Bereich, zum Beispiel für einen Sitzplatz, befestigen. Auch Holzdecks, die in den Teich hineinragen, sind eine gestalterisch sinnvolle Lösung.

Die drei Pflanzzonen

Bei der Bepflanzung des Teichrandes sollten ein paar grundsätzliche Dinge beachten: Der Übergang von der Wasserfläche zum trockenen Ufer besteht aus drei Zonen, die unterschiedlich

Pflanzen für den Teichrand

1 Gelbe Sumpf-Iris (*Iris pseudacorus*)
2 Riesen-Segge (*Carex pendula*)
3 Gauklerblume (*Mimulus*-Hybriden)
4 Hechtkraut (*Pontederia cordata*)
5 Sumpfdotterblume (*Caltha palustris*)
6 Schwanenblume (*Butomus umbellatus*)
7 Pfeilkraut (*Sagittaria sagittifolia*)
8 Wiesen-Iris (*Iris sibirica*)
9 Kerzen-Ligularie (*Ligularia stenocephala*)
10 Lampenputzergras (*Pennisetum alopecuroides*)
11 Palmwedel-Segge (*Carex muskingumensis*)
12 Gezähnte Ligularie (*Ligularia dentata*)
13 Funkie (*Hosta* 'Piedmont Gold')
14 Blutweiderich (*Lythrum salicaria*)
15 Palmblatt-Ligularie (*Ligularia* x *palmatiloba*)
16 Aufrechter Igelkolben (*Sparganim erectum*)
17 Kleiner Rohrkolben (*Typha minima*)
18 Riesen-Chinaschilf (*Miscanthus floridulus*)
19 Kardinals-Lobelie (*Lobelia cardinalis*)
20 Wiesenknöterich (*Bistorta officinalis*, früher *Polygonum*)

feucht sind. – In der Sumpfzone steht das Wasser ständig mehrere Zentimeter hoch, das heißt, hier fühlen sich Pflanzen wohl, die dauerhaft „nasse Füße“ haben möchten. – In der Feuchtzone trocknet der Boden nicht aus, der Wasserstand kann aber je nach Niederschlagsmenge von 0 bis ca. 5 cm schwanken. Wie breit die Feuchtezone ist, hängt von der Verlegung der Teichfolie ab und davon, ob das Ufer eher steil oder eher flach angelegt ist. – In der Trockenzone herrschen in der Regel frische Bodenverhältnisse, die sich nicht wesentlich von den übrigen Bereichen im Garten unterscheiden. Alle Gartenstauden, die frischen, kräftigen Boden bevorzugen, eignen sich für diesen Bereich.
Bei der Auswahl der Stauden für die Trockenzone können Sie also gestalterische Aspekte in den Vordergrund stellen. Am besten eignen sich Stauden, die den Eindruck von Wiesenblumen vermitteln.

Pflanzen für große Teiche

Ist der Teich entsprechend groß, können Sie ornamentale Blattstauden wie Mammutblatt (*Gunnera*), Weidenblättrige Sonnenblume (*Helianthus salicifolius*) oder Federmohn (*Macleaya cordata*) mit einbeziehen. Auch die hohen Horste des Riesen-Chinaschilfes (*Miscanthus floridulus*) sind hier am richtigen Platz. Für kleinere Teiche bieten sich Wiesen-Iris (*Iris sibirica*), Taglilie (*Hemerocallis*), Astilben und Felberich (*Lysimachia ciliata* und *L. clethroides*) an, ebenso fast sämtliche höheren Vertreter der Seggen (*Carex*). Schon zu Beginn des Frühjahrs stehen die Bergenien (*Bergenia*) in Blüte, ihr kräftiges Laub ist aber das ganze Jahr attraktiv. Wunderschön sehen bunte Etagenprimeln (*Primula japonica* und *P.* x *bullesiana*) am Uferrand aus. Sie benötigen humosen, stets feuchten Boden. Achten Sie darauf, dass die zarten Pflanzen nicht von kräftigeren Stauden überwuchert werden.

Mit einer üppigen Randbepflanzung wird jeder Gartenteich zum Schmuckstück

Obst und Gemüse aus dem eigenen Garten

Vom Nutzen der Nutzgärten

Im Bereich des Nutzgartens haben unter gestalterischem Gesichtspunkt längst nicht so viele Umbrüche stattgefunden wie bei den Ziergärten. Der klassische Bauerngarten hatte zu allen Zeiten auf dem Lande seinen festen Platz. Die Einteilung in vier oder auch mehr Beete hatte sich bewährt, und je nach Region und persönlichem Geschmack wurden die Beete mit Buchshecken umrandet. Bevor es die Möglichkeit gab, frisches Gemüse jederzeit auf dem Wochenmarkt oder im Supermarkt zu kaufen, war der Anbau im eigenen Garten die einzige Möglichkeit, Gemüse, Obst und Kräuter in größeren Mengen für den Frischverzehr und zur Bevorratung parat zu haben.

Nützlich und schön

Nicht nur dekorative Pflanzen wachsen in Beeten, auch Obst, Gemüse und Kräuter werden üblicherweise in Beeten zusammen gepflanzt. Das heißt natürlich nicht, dass Nutzpflanzen nicht auch dekorativ sein können. Mangold mit feurig roten Stängeln, filigran gekräuselter Grünkohl oder violettfrüchtige Stangenbohnen können es an Schönheit durchaus mit vielen Zierpflanzen aufnehmen. Trotzdem herrschen im Nutzbeet andere Regeln. Hier werden die Pflanzen zusammengesetzt, die gleiche Ansprüche an die Nährstoffversorgung haben und die sich gegenseitig im Wachstum unterstützen. Zudem lassen sich bei geschickt gewählter Kulturfolge die Erträge beachtlich steigern.

Gesundes aus dem eigenen Garten

Die wenigsten Gartenbesitzer bauen heutzutage so viel Gemüse an, dass man von einer umfassenden Selbstversorgung sprechen könnte. Die Vielfalt frischer, aromatischer Kräuter, die etwa in der mediterranen Küche unentbehrlich sind, wird man aber im Supermarkt vergeblich suchen, ebenso Tomatensorten jenseits von EU-Normen, blauhülsige Bohnen, lila blühende Erbsen oder rotstieligen Mangold. Gerade der Wunsch, etwas Besonderes zu haben, dazu die Garantie, dass alles wirklich frisch ist, spricht für den Anbau im eigenen Nutzgarten. Dazu kommt noch die Gewissheit, dass sich keine Rückstände von Pestiziden auf dem Gemüse befinden. Dies ist für viele ein Argument für den eigenen Anbau (natürlich nur dann, wenn man konsequent auf den Einsatz solcher Mittel verzichtet).

Vielfältige Beetformen

Neben dem üblichen Anbau auf ebenen Beeten haben sich im Nutzgarten aber auch andere Anbauformen etabliert. Für ältere Menschen, aber auch für solche, die von Rückenproblemen geplagt werden oder einfach eine ge-

wisse Bequemlichkeit schätzen, sind Hochbeete ideal. Richtig angelegt, gedeihen darauf fast alle Gemüsearten prächtig. Gärtner mit Erfahrung in der Kompostwirtschaft schwören häufig auf Hügelbeete, und auch vertieft angelegte Kraterbeete haben spezielle Vorteile.

Der Bauerngarten: Nutzen und Schönheit

Im Bauerngarten wird Schönes und Nützliches auf das Beste vereint. Die meist vier Beete, die durch kreuzförmig verlaufende Wege getrennt werden, beherbergen neben vielfältigen Obst- und Gemüsearten auch alle nötigen Küchenkräuter und viele bunte Blumen für die Vase. Bei der jährlichen Bepflanzung hält man sich am besten an die bewährten Regeln der Mischkultur, bei der immer solche Pflanzen zusammengesetzt werden, die sich gegenseitig im Wachstum unterstützen. Beispiele dafür finden Sie auf Seite 86 im Kapitel Hochbeete. Auch Zierpflanzen wie Tagetes und Ringelblumen können in das Prinzip der Mischkultur mit einbezogen werden, denn sie schützen andere Pflanzen vor Nematoden und tragen so zur Bodenverbesserung bei. Klettergemüse wie Stangenbohnen können an einer dekorativen Pergola emporwachsen, und ein gemauerter Brunnen in der Mitte des Wegekreuzes sorgt stets für genügend Gießwasser.

Kräuterbeete für stetes Kochvergnügen

Um immer genügend frische Kräuter für die Küche parat zu haben, lohnt sich die Anlage eines speziellen Kräuterbeetes in Hausnähe, zum Beispiel an der Terrasse. Wenn die Terrasse groß genug ist, können Sie das Beet auch dort integrieren, indem Sie einige Platten herausnehmen und polsterförmig wachsende Kräuter wie Thymian (*Thymus vulgaris*), Quendel (*Thymus pulegioides*) und Bergbohnenkraut (*Satureja montana*) hineinsetzen. Diese trockenheitsverträglichen Kräuter fühlen sich zwischen den Steinplatten, die reichlich Wärme abstrahlen, sehr wohl. Wählen Sie als Platz am besten einen Randbereich auf der Terrasse, der nicht direkt am Hauptdurchgangsweg liegt.

Ein Knotengärtlein mit Kräutern

Knotengärten waren besonders im elisabethanischen England sehr beliebt. Dabei werden niedrige Buchspflanzen, aber auch strauchige Kräuter wie Lavendel oder Heiligenkraut in verschlungenen Formen zu einem geometrischen Muster gepflanzt. Die Ausführungen reichen dabei vom einfachen „Salomonsknoten" mit vier Kreuzungen bis zum komplizierten Geflecht mit zahlreichen Unter- und Überführungen. Einen besonderen Reiz macht dabei die Kombination verschiedener Laubfarben aus, die das Ganze plastisch erscheinen lässt. Für die Anlage eines Knotengartens zeichnen Sie die gewünschte Form zunächst auf kariertem Papier auf. Danach übertragen Sie alle Eck- und Kreuzungspunkte mit Stöckchen in Freiland. Gerade Verbindungslinien können Sie mit gespannte Schnüren markieren, für die gebogenen Linien verwenden Sie am besten hellen Sand oder Kieselsteinchen. Entlang der Markierungen heben Sie die Pflanzgräben aus. Ein Kräuter-Knotenbeet kann mit schnittverträglichen Kräutern umrandet werden, sehr schön sieht aber auch eine Einfassung mit Buchsbaum aus. Bei der Ausgestaltung der Knoten können Sie sich von klassischen Formen inspirieren lassen, die den englischen Knotengärten nachempfunden sind, Sie können aber auch ganz eigene Kreationen erfinden. Lockere Flechtmuster lassen noch Raum für die Zwischenpflanzung von höheren Kräutern wie Wermut (*Artemisia absinthianum*), Ros-

Mal etwas anderes: Herzförmige Kräuterbeete

Pflanzanleitung für Einfassung

So pflanzen Sie die Einfassungshecke:

Für die Anlage von niedrigen Einfassungshecken werden meist bewurzelte Stecklinge verwendet, die entweder in Töpfen oder wurzelnackt im Handel erhältlich sind. Wurzelnackte Pflanzen sind preiswerter, haben aber den Nachteil, dass sie sofort nach Erhalt eingepflanzt werden müssen, da sonst die Gefahr besteht, dass die Wurzeln eintrocknen und die Pflanzen dann nicht mehr anwachsen. Die beste Pflanzzeit ist das zeitige Frühjahr. Auch im Herbst ist eine Pflanzung möglich, doch auf keinen Fall zu spät, damit die Pflanzen bis zum ersten Frost gut einwurzeln können.

Heben Sie für die Hecke einen Pflanzgraben aus, der um ein Drittel breiter und tiefer ist als die Ausdehnung der Wurzeln. Lockern Sie den Aushub und mischen Sie reife Komposterde unter. Bei schwerem Boden ist auch die Zugabe von Sand oder Bentonit sinnvoll. Als Langzeitdünger verwenden Sie am besten Hornspäne, die Sie in den Pflanzgraben geben oder auch in den Aushub mischen.

Kappen Sie die Wurzeln der Stecklinge um etwa ein Viertel und schneiden Sie dabei beschädigte Wurzeln ganz heraus. Danach geben Sie so viel von dem Aushub wieder in den Pflanzgraben, dass sich die Wurzelhälse der Buchspflanzen in Höhe der Erdoberfläche befinden. Füllen Sie nun die restliche Erde ein, wobei Sie darauf achten, dass zwischen den Wurzeln keine Hohlräume bestehen bleiben. Drücken Sie zwischendurch die Erde immer wieder gut fest. Zum Schluss gießen Sie die Pflanzen gründlich an.

Auch größere Exemplare kommen in Pflanzlöcher, die ein Drittel größer sind als die Wurzelballen. Die Arbeitsschritte sind ansonsten die gleichen wie bei den bewurzelten Stecklingen. Meist werden die größeren Buchsbäume in Containern angeboten, die vom Frühjahr bis zum Herbst jederzeit gepflanzt werden können. Achten Sie beim Kauf auf kräftige Pflanzen mit gut durchwurzelten Topfballen. Allerdings sollten sich noch keine Ringwurzeln gebildet haben, sie sind ein Zeichen dafür, dass die Pflanzen schon zu lange im Container gestanden haben.

Bevor Sie die Containerpflanzen einpflanzen, stellen Sie sie zunächst so lange in ein Wasserbad, bis keine Luftblasen mehr aufsteigen. Ziehen Sie die Pflanzen danach vorsichtig aus dem Container. Drehen Sie diese dazu um und fassen Sie die Pflanze am Wurzelhals. Setzen Sie die Pflanzen so tief in die Pflanzlöcher, dass die Oberkante des Ballens ganz wenig unterhalb der Oberkante des Pflanzloches liegt (vorher die entsprechende Menge des gelockerten und angereicherten Aushubs einfüllen). Treten Sie danach die Erde im Pflanzloch gut fest und füllen noch einige Zentimeter Erde auf. Formen Sie abschließend einen Gießrand und wässern Sie gründlich.

marin (*Rosmarinus officinalis*) oder Salbei (*Salvia officinalis*). Die graulaubigen Pflanzen kommen zwischen einem Geflecht aus dunkelgrünem Buchs besonders gut zur Geltung und wachsen so auch nicht ineinander.

Frühbeete

Frühbeete sind nichts anderes als 30 bis 40 cm hohe Rahmen, die mit Glasscheiben abgedeckt werden. Viele Hersteller bieten fertige Frühbeetkästen, doch auch mäßig begabte Heimwerker können sie leicht selber bauen. Man benötigt dazu lediglich entsprechend hohe Bretter, Winkel und Glas- oder Kunststoffscheiben im Rahmen. Dafür eignen sich sogar alte ausrangierte Fensterscheiben. Wenn die Sämlinge eine entsprechende Größe haben und regelmäßig belüftet werden müssen, werden einfach Abstandhalter zwischen Wände und Glas gelegt.

Mistbeet oder warmer Kasten

Der warme Kasten ist auch als Mistbeet bekannt. In den Frühbeetkasten wird zunächst eine dicke Schicht frischer Pferdemist eingefüllt. Erst darauf kommt die Aussaaterde. Beim Verrottungsprozess des Pferdemists entsteht Wärme, die ausreichend für die Keimung der Samen und eine gute Entwicklung der Sämlinge ist. Selbst bei vorübergehenden Minustemperaturen ist die Wärmeentwicklung ausreichend. Die Aussaat in den warmen Kasten ist bereits ab März möglich, während Sie beim normalen Frühbeet bis April warten müssen. Die Verfügbarkeit von Pferdemist ist heute allerdings stark eingeschränkt, nicht jeder hat einen Reitstall in der Nähe. Als Alternative können Sie auch Laub verwenden, das Sie mit 20 % Stroh vermischen. Treten Sie diese Mischung während des Einfüllens gut fest und streuen Sie anschließend 2–2,5 kg Kalkstickstoff pro Quadratmeter darüber. Darauf kommt wieder die Aussaaterde. Die Wärmeentwicklung ist ähnlich stark wie beim Pferdemist. Die Unterlage sollte bei beiden Varianten mindestens 30 cm betragen, entsprechend höher müssen Sie die Seitenwände des Frühbeetkastens anlegen.

Das Mistbeet wird vorbereitet

Frühbeet oder kalter Kasten

Kalter Kasten ist lediglich eine andere Bezeichnung für ein normales Frühbeet, das auf dem Erdreich aufgestellt wird. Gesät wird entweder in Aussaatgefäße, die auf dem Boden stehen, oder in direkt in das Frühbeet eingefüllte Erde.

Etwa 2–3 Wochen vor „Inbetriebnahme" des Frühbeetes werden die Abdeckscheiben aufgelegt, damit sich die Erde darunter schon etwas erwärmt und abtrocknet.

Vielseitige Hochbeete

Auf Hoch- und Hügelbeeten haben nicht nur Pflanzen optimale Wachstumsbedingungen, sie ermöglichen auch ein besonders rückenschonendes Arbeiten. Das Besondere an höher gelegten Beeten ist der Unterbau, der aus mehreren Lagen von unterschiedlich stark verrottetem Pflanzenmaterial besteht, nämlich gehäckselten Ästen, Grasschnitt, Laub und reifem Kompost. Zunächst bereiten Sie den Untergrund vor: Der Boden wird spatentief ausgehoben, der Aushub kommt erst einmal an die Seite. Legen Sie die Fläche mit engmaschigem Draht so aus, dass er an den Seiten etwas übersteht. Dies ist wichtig, um Wühlmäuse fern zu halten, die Hügelbeete heiß und innig lieben. Der Draht bietet keinen kompletten Schutz, dazu müssten auch die Flanken des Beetes abgedeckt werden.

Darüber kommt nun die erste Schicht, die aus Ästen und grobem Staudenschnitt besteht. Sie sollte etwa 40 cm betragen. Etwas übergestreuter Stickstoffdünger fördert die Verrottung. Die zweite, etwa 20 cm dicke Schicht besteht aus trockenem Grasschnitt oder klein gehäckseltem Stroh. Die nächsten 30 cm bestehen aus Laub. Nach diesen drei Schichten wird erst einmal gründlich gewässert, bis der Hügel gleichmäßig feucht ist. Dann schichten Sie 20 cm halb reifen Kompost auf, und zum Schluss vermischen sie die ausgehobene Erde mit reichlich reifem Kompost und verwenden dieses Gemisch für die oberste Schicht.

Hochbeet-Umrandung aus naturbelassenen Baumstämmen

Durch die einsetzende Verrottung entsteht Wärme, die das Wachstum der Pflanzen fördert. Idealerweise verläuft ein Hügelbeet in Nord-Süd-Richtung, um die Sonne optimal auszunutzen. So kommt auch an die abgerundeten Seiten genügend Sonne. Ein nach dem beschriebenen Verfahren aufgeschichtetes Hügelbeet wird etwa knapp 1 m hoch und 1 m breit, die optimale Länge beträgt 4–5 m. Beim Hochbeet werden die Schichten in einen festen Rahmen gefüllt. Sie können ihn selber aus Stein mauern oder aus Holzbohlen zusammensetzen. Es gibt aber auch fertige Bausätze aus Kunststoff, Metall oder Holz.

Hochbeete im Eigenbau

Im naturnahen Gartenbau ist das Hochbeet weit verbreitet. Durch seinen besonderen Aufbau kann mehr Wärme gespeichert werden als in einem flachen Beet. Da das Hochbeet aus verschiedenen Schichten verrottbaren Materials aufgebaut ist, entsteht bei der Verrottung erhebliche Wärme, die den Pflanzen zugute kommt: ungefähr 4–5 °C im ersten Jahr gegenüber dem Flachbeet. Nach und nach sackt das Hochbeet zusammen, sodass Sie es nach 5–6 Jahren ausräumen und neu aufschichten sollten.

So wird ein Hochbeet gebaut

Um das Sonnenlicht optimal ausnutzen zu können, sollte das Hochbeet immer in Nord-Süd-Richtung angelegt werden. Dazu heben Sie eine 20–30 cm tiefe und 150–160 cm breite Grube aus. Die Breite richtet sich nach der Armlänge der Benutzer. Man muss bequem mit einer Armlänge bis über die Mitte kommen. Die Länge richtet sich nach dem vorhandenen Platz, sollte aber mindestens 3 m betragen. Die ausgestochenen Grassoden legen Sie auf zunächst beiseite, da sie später noch benötigt werden.

Selbst gebautes Hochbeet aus stabilen Latten

Die Umrahmung

Nun beginnen Sie mit dem Bau der Umrahmung des Hochbeetes. Das klassische Material hierfür ist Holz, zum Beispiel Rundbohlen oder kräftige Kanthölzer. Dabei ist die Auswahl der Holzarten sehr wichtig. Besonders langlebig sind Hölzer wie Robinie oder Eiche, die allerdings recht teuer sind. Ihr Vorteil ist, dass sie völlig ohne vorherige Imprägnierungsmaßnahmen verbaut werden können. Günstigere Hölzer aus Kiefer oder Fichte sollten unbedingt kesseldruckimprägniert sein, ansonsten ist ihre Lebensdauer sehr begrenzt. Um noch eine bessere Haltbarkeit des Holzes zu erlangen, ist es ratsam, die Innenwände mit einer Plastikfolie auszukleiden. Außerdem vermindert diese Maßnahme die Austrocknung und Verdunstung. Von unbegrenzter Haltbarkeit sind Umrandungen aus Stein. Ihre Herstellung ist allerdings recht aufwändig, außerdem ist eine spätere Demontage nicht so einfach möglich. Viele Hersteller bieten Hochbeetsysteme an, deren Elemente einfach zusammengesteckt werden. Bei den Materialien können Sie wählen zwischen Holz, Kunststoff und Beton. Dabei können Betonsysteme durchaus ansprechend aussehen, wenn die Elemente in natürlich wirkenden Farbtönen eingefärbt und mit einer Struktur versehen werden. Es gibt auch Systeme, die geradezu perfekt Mauern aus Sand- oder Kalkstein imitieren, aber nur einen Bruchteil kosten.

Der Aufbau Schicht für Schicht

Um Wühlmäuse vom Hochbeet fernzuhalten, legen Sie als Allererstes den Boden mit einem engmaschigen Drahtgitter aus. Der innere Kern wird nun mit Ästen und Zweigen gebaut. Damit ist für eine gute Durchlüftung des Beetes gesorgt und die Verrottung des aufgeschichteten Materials gewähr-

Vorteile des Hochbeetes

Der Anbau in Mischkultur fördert das Pflanzenwachstum und schützt vor starkem Schädlingsbefall. Die Ernte fällt reichlich aus. Durch das günstigere Kleinklima, bedingt durch die Verrottung der organischen Materialien im Inneren des Hochbeetes, entsteht auch Wärme von unten. Das begünstigt das Gedeihen von Wärme liebenden Pflanzen wie Paprika, Zucchini oder Tomaten. Hochbeete ermöglichen rückenschonendes Arbeiten, sodass auch ältere oder behinderte Menschen bequem im eigenen Garten arbeiten und ernten können.
Ein weiterer Vorteil des Hochbeetes ist, dass durch das Setzen des Füllmaterials jedes Jahr mit Kompost nachgefüllt werden kann. Dadurch spielt die Fruchtfolge, die sonst berücksichtigt werden sollte, keine Rolle. Die Ernte kann durch Folientunnel, Vlies usw. verfrüht werden. Wird das Hochbeet an eine Südwand angelehnt, erwärmt es sich noch weiter.

Nachteile des Hochbeetes

Das Hochbeet trocknet in heißen Sommermonaten rasch aus, deshalb muss relativ viel gegossen werden. Mäuse und Wühlmäuse benutzen das Beet auch gern als Unterschlupf. Daher ist das feinmaschige Gitter zum Schutz sehr nützlich. Der Bau der Umrahmung ist natürlich mit einigem Aufwand und Kosten verbunden.

Gute Nachbarn im Hochbeet

	Buschbohnen	Endivien	Erbsen	Erdbeeren	Feldsalat	Gurken	Karotten	Kartoffeln	Knoblauch	Kraut / Kohl	Kohlrabi	Kopfsalat	Mangold	Petersilie	Porree	Radieschen/Rettich	Rote Bete	Sellerie	Spinat	Tomaten	Zucchini	Zwiebeln
Buschbohnen			–	+		+		+	–	+	+	+	+		–	+	+	+		+		–
Endivien											+				+							
Erbsen	–	+					+	–	–	+	+	+			–	+				–		
Erdbeeren		+			+				+	+		+		+	+	+	+		+			+
Feldsalat				+						+	+	+										+
Gurken +	+								+	+		+				–	+	+				+
Karotten			+						+				+		+	+				+		+
Kartoffeln	+		–							–	+						–	–	+	–		
Knoblauch	–		–	+		+	+			–							+			+		
Kraut / Kohl	+	+	+	+	+	+		–	–	–		+	+		+	+		+	+	+		–
Kohlrabi	+		+		+			+				+			+	+	+	+	+	+		
Kopfsalat	+		+	+		+				+	+			–	+	+		+		+		+
Mangold	+						+			+						+						
Petersilie				+								–				+				+		
Porree	–	+	–	+	+		+			+	+	+					–	+	–	+		
Radieschen/Rettich	+	+	+			–	+			+	+	+	+		–				+	+		
Rote Bete	+			+		+		–	+		+											+
Sellerie	+					+		–		+	+	+			+				+	+		
Spinat				+				+		+	+					+		+		+		
Tomaten	+		–				+	–	+	+	+	+		+		+	+	+	+			
Zucchini																						+
Zwiebeln	–			+	+	+				–							+				+	

leistet. Gut bewährt hat sich eine Mischung aus grob gehäckseltem Material und ganzen Ästen. Als Nächstes werden die Grassoden, die Sie beim ersten Aushub beiseite gelegt haben, über den Holzkern verkehrt aufgelegt. Sie können auch noch zusätzlich grobe Gartenabfälle untermischen. Es folgt eine ca. 30 cm dicke Laubschicht, darauf kommt noch eine ca. 15 cm dicke Schicht aus Grobkompost. Den Abschluss bildet eine 25 cm dicke Schicht aus Feinkompost und Gartenerde. Zwischen die einzelnen Schichten wird etwas Urgesteinsmehl gestreut.

Die Bepflanzung des Hochbeetes

Am besten wird das Hochbeet im Herbst oder zeitig im Frühjahr angelegt. Bei seiner Bepflanzung ist es ratsam, nach den Regeln der Mischkul-

Hochbeet im 1. Jahr

Bohnen	Karotten	Rettich	Kohlrabi	Basilikum, Petersilie Tomaten					Gurken		
Zucchini				Lauch	Sellerie	Broccoli	Zwiebeln	Rote Bete	Knoblauch	Karotten	Bohnen

Hochbeet im 2. Jahr

Zucchini			Basilikum Tomaten				Pfefferoni			Paprika			Gurken		
Ringelblume	Sellerie	Blumenkohl	Knoblauch	Karotten	Zwiebeln	Karotten	Salate	Kohlrabi	Kerbel	Salate	Rettich	Kraut	Bohnenkraut	Bohnen	Rote Bete

Hochbeet im 3. Jahr

Erbsen					Tomaten							Zucchini		
Karotten	Radieschen	Knoblauch	Erdbeeren	Zwiebeln	Rote Bete	Kohlrabi	Kopfsalat	Rettich	Kraut	Mangold	Karotten	Spinat	Sellerie	Bohnen

tur vorzugehen. Diese Methode bringt eine gute Ernte auf kleinem Raum. Bei der Mischkultur schützen sich die Pflanzen gegenseitig. Auch Kräuter, die zwischen Gemüse gepflanzt werden, können viel Gutes bewirken, sowohl als Abwehr gegen Schädlinge als auch zur Geschmacksverbesserung. Gute Nachbarn im Gemüsebeet sind zum Beispiel:

- Tomaten und Petersilie
- Karotten und Zwiebeln
- Salat mit Radieschen und Kerbel
- Gurken und Dill.

Und mit Kapuzinerkresse, Tagetes und Ringelblumen kommt nicht nur Farbe zwischen das Gemüsegrün, die Pflanzen vertreiben auch Schädlinge wie etwa die gefürchteten Nematoden. In den ersten beiden Jahren pflanzen Sie Starkzehrer wie Tomaten, Kohl, Sellerie, Lauch, Gurken und Zucchini in das Hochbeet, die von dem reichlich vorhandenen Dünger profitieren Schwachzehrer wie Salat und Spinat folgen daher erst ab dem dritten Jahr.

Gärtnern im Sechseck

Eine Variante des Hochbeetes ist das Wabenbeet. Es besteht aus sechs Seitenteilen in den Abmessungen 85 x 30/50 cm, die als Sechseck aufgestellt werden. Die Deckerde wird kraterförmig ausgebildet. In die Mitte, der tiefsten Stelle, werden die Wärme liebenden Gemüsearten, z. B. Gurken, Melonen, Tomaten und Zucchini gepflanzt, auf den Rand die robusteren Sorten. Genauso wie im Hochbeet wird ein Fruchtwechsel nach dem System Stark-, Mittel-, Schwachzehrer vorgenommen. Der Ertrag wird noch erhöht mit einer Pferdemistpackung, die allerdings den Umsetzungsprozess im Beet beschleunigt. Gegen die Schneckenplage kann man noch eine waagerechte Abwehrkante aus feinmaschigem Draht um die Haltekonstruktion ziehen.

Mischkultur im Kraterbeet

Kraterbeete sind wie einzelne Wabenbeete gebaut, sie sind außen annähernd rund und haben ebenfalls eine vertiefte Mitte. Sie ahmen das Prinzip der Kraterbeete nach, wie sie auf den Kanaren entwickelt wurden. Solche Beete schützen vor kalten Winden und speichern die Wärme. Lockerer, humoser Boden und sonnige Lage sind beste Voraussetzungen. Man zieht mithilfe eines Pflockes und einer Schnur einen Kreis von etwa 2 m Durchmesser. Mit der Hacke wird die Erde von der Mitte nach außen gezogen, bis die Kegelspitze etwa 15 cm tiefer liegt als die ursprüngliche Erdoberfläche und außen herum ein Wall von etwa 30 cm Höhe entstanden ist. Die Kratersohle wird nun etwa weitere 30 cm tief bearbeitet, bis der Boden sehr locker ist, z. B. mit einer Grabegabel, die vor- und rückwärts bewegt wird. Anschließend wird reifer Kompost oberflächlich eingearbeitet. Damit Sie das Kraterbeet für die Bearbeitung begehen können, legen Sie einige Trittsteine ein. Basaltsteine sind besonders günstig, da sie tagsüber viel Wärme speichern. Auch außen herum können zur besseren Begehbarkeit Trittsteine gelegt werden. Solche Beete eignen sich gut für den frühen Anbau von Radieschen, Salat und Spinat. Später können Gurken oder Tomaten mit Buschbohnen drumherum gesetzt werden. Auch im Kraterbeet sollten Sie besonders die Pflanzenfreund- und -feindschaften (siehe Mischkultur) zu beachten. Die Wärme liebenden Pflanzen wie Auberginen, Gurken, Melonen kommen immer an die tiefste Stelle. Bei Frostgefahr wird das Beet mit Vlies oder Folie abgedeckt.

Hügelbeete für eine üppige Ernte

Schnittgut fällt während der Wintermonate im Garten reichlich an. Sinnvoll ist es, aus groben Zweigen und Schreddermaterial ein Hügelbeet anzulegen und sich auf diese Art und Weise für die nächsten Jahre schmackhaftes Gemüse zu sichern. Die wichtigste Vorraussetzung für ein Hügelbeet ist ein sonniger Standort und ausreichend Schnittgut.

Ein Hügelbeet bauen

Das Hügelbeet wird im Gegensatz zum Hochbeet ohne seitliche Konstruktion aufgebaut. Weil mit der Zeit das verrottende Material zusammensinkt, ist die Lebensdauer dieses Beetes begrenzt. Für die Anlage des Hügelbeetes müssen Sie zunächst den Platz abstecken. Achten Sie darauf, dass sich das Hügelbeet von der Länge in Nord-Süd-Richtung erstreckt,

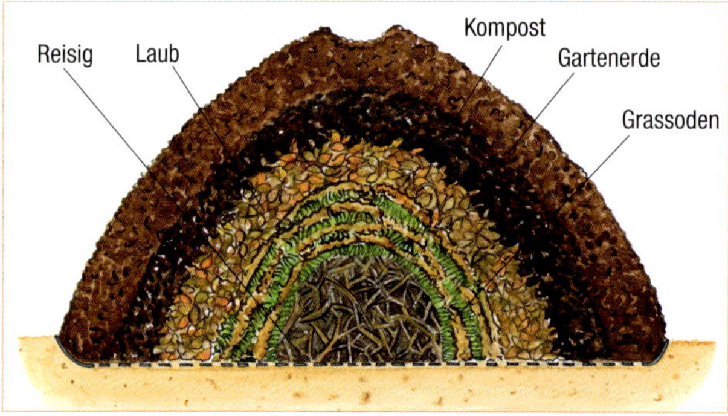

damit die seitlichen Pflanzflächen gleichmäßig besonnt werden.
Heben Sie mit dem Spaten die Erde etwa 15 Zentimeter tief aus. Dabei sollten Sie die Erde gesondert an die Seite legen, damit Sie später eine Erddecke auf dem Hügel ausbreiten können. Gegen Wühlmäuse legen Sie einen sehr feinmaschigen Draht aus, bevor Sie das Material folgendermaßen aufeinander schichten: 30 Zentimeter grobes Strauchmaterial, 10 bis 15 Zentimeter Rasenboden (mit der Grasnarbe nach unten legen), 20 Zentimeter Staudenreste, Stroh oder Laub, 15 Zentimeter Stallmist, 15 Zentimeter Frischkompost und 15 Zentimeter Gartenerde. Auf der Mitte des Hügels wird eine so genannte Gießrinne geformt, damit der Hügel gut bewässert werden kann.

Die Bepflanzung

Mit der Bepflanzung sollten Sie nicht lange warten, damit die Erde nicht von einem der Frühjahrsgüsse heruntergespült wird. Wählen Sie für die erste Bepflanzung Gemüse, das keine allzu tiefen Wurzeln bildet. Schließlich ist bei einem frischen Hügelbeet die durchwurzelbare Schicht noch recht gering. Kopfsalat, Tomaten, Zwiebeln, Radieschen und Kohlrabi sind im ersten Jahr optimal. Auf der Kuppe lassen sich Tomatenstöcke von der Sonne verwöhnen. Als Zwischenfrucht können Sie im Herbst Feldsalat, Spinat oder Pflücksalat aussäen. Im zweiten Jahr werden Karotten, Erbsen, Rote Bete, Buschbohnen und Rettich ausgesät. Ab dem dritten

Bei Nord-Süd-Ausrichtung gelangt genügend Licht an jede Pflanze des Hügelbeetes

Jahr empfiehlt es sich, für zwei Jahre Erdbeeren anzubauen. Sie können aber auch bei den bewährten Gemüsen bleiben und eventuell Kräuter dazu pflanzen. Im vierten Jahr geht der Nährstoffhaushalt so weit zurück, dass sich der Boden jetzt nur noch für den Anbau anspruchsloser Kartoffeln eignet, die auf dem lockeren Boden gut gedeihen. Anschließend müssen Sie einen neuen Hügel anlegen.

Aus den USA kommt die Idee des Gärtnerns in kleinen quadratischen Beeten

Gärtnern im Quadrat – Square-Foot-Gardening

Beim so genannten Square-Foot-Gardening wird der Nutzgarten nicht in Reihen angelegt. Bei dieser in den USA entwickelten Anbauweise wird Platz sparend in 30 x 30 cm große Quadrate gesät und gepflanzt. Daher kommt auch der Name „Square Foot". Das ist ein in den USA übliches Längenmaß: 1 square foot = 30 x 30 cm. Eine typische Beetfläche, mit der die meisten Gärtner anfangen, hat die Größe von 120 x 120 cm (= 16 Kästchen). Diese Fläche reicht bereits aus, um eine vierköpfige Familie durchs ganze Gartenjahr mit einer Vielfalt von frischem Gemüse zu versorgen. Wer mehr braucht, legt einfach ein zweites oder drittes Beet usw. an. Pro Person sollte man ein Beet rechnen, wenn man täglich mehrmals reichlich Gemüse möchte. Die Kästchengröße von 30 x 30 cm erlaubt, je nach Größe der Pflanzen, für einen optimalen Pflanzenabstand in alle Richtungen. Wie viele Pflanzen in jedes Quadrat passen, richtet sich nach der Größe der Pflanzen: small, medium, large und extra large. In ein Quadrat passen beispielsweise 16 Radieschen (small), 9 Buschbohnen oder 9 Kohlrabi (medium), 4 Köpfe Pflücksalat (large), 1 Brokkoli oder 1 Blumenkohl (extra large), 1 Stangentomate (extra large). Im Prinzip handelt es sich beim Square-Foot-Garden um ein relativ niedriges Hochbeet, das konsequent in Raster unterteilt wird, was besonders Garten-Neulingen hilft, die richtigen Pflanzabstände zu wählen.

Register